サッカーで、生きていけるか。

プロへの道筋と現実、ネクストキャリアの考え方

阿部博一
小野ヒデコ

英治出版

はじめに

「給料0円。貴殿とは契約を更新しません」

私（阿部博一）が25歳でプロサッカー選手をクビになったときに、契約書に書かれていた文言です。

私は、7歳から25歳まで、18年間という年月をサッカーに費やしました。たどり着いた場所は、プロC契約、日本フットボールリーグ（以下、ＪＦＬ）※というレベルです。

今年（２０２４年）39歳になるので、上を目指すサッカーをやめてから約15年が経ちます。その間、次のようなことを幾度《いくど》となく自問自答してきました。

7歳から25歳まで18年間を費やした意味はあったのか？
プロサッカー選手を志して自分が得たもの、失ったものは何か？
サッカーをしていなかったら、自分はどんな人生を歩んでいたか？
今から社会人になってやっていけるのか？

※**ＪＦＬ**
Ｊリーグを目指すクラブにとっては、Ｊリーグ参入の最終関門となるアマチュア最高峰の全国リーグ。
Japan Football League

どんな仕事ならサッカーと同じような情熱を持てるのか？
また生まれ変わってもプロサッカー選手を目指すのか？
自分の子どもがプロサッカー選手を目指すことを心から応援できるか？
サッカーをする意味は、結局何か？

サッカー選手をクビになった後は、アメリカの大学院に留学し、卒業後は29歳で日本の企業に就職しました。初めての企業勤めであり、新卒入社のようなものです。主に官公庁の調査研究を受託するシンクタンクという、サッカー選手とはまったく畑違いの業界での仕事でしたが、ここでの数年間は、ビジネスパーソンとしての基礎を学ぶ良い「修業期間」になりました。

そして31歳でアジアサッカー連盟（以下、ＡＦＣ）※という、マレーシアのクアラルンプールに拠点のある国際機関に転職します。ＡＦＣは国際サッカー連盟（以下、ＦＩＦＡ）※の傘下にある組織で、ワールドカップ（以下、Ｗ杯）のアジア予選、アジアカップ、ＡＦＣチャンピオンズリーグなど、アジアでおこなわれるさまざまな国際大会を所管する組織です。多国籍な職場環境や、世界を飛び回るダイナミックな仕事が魅力のＡＦＣで、今では11人、７国籍からなるチームを任されています。

この経歴だけを見れば、それなりに筋の通ったストーリーに見えるかもしれません。

※ＡＦＣ
Asian Football Confederation

※ＦＩＦＡ
Fédération Internationale de Football Association

ですが、サッカー選手をクビになり、次のキャリアを模索する渦中《かちゅう》にいた頃は、何度も迷走し、自身の人生について考える日々でした。特にサッカー選手をクビになってアメリカに留学するまでの期間は、アルバイトをしながら空き時間は図書館で勉強する、という生活をしていました。自分と同じ年ぐらいの社会人を見るたびに「俺、大丈夫か?」と不安になりました。彼らの人生の時計の針はきちんと進んでいて、自分のは進んでいない――そんな感覚です。

けれど、不思議とサッカー選手として挑戦したこと自体に悔いは一切ありませんでした。それよりも、**「サッカー選手が現役引退後どう生きていくのか?」**という、彼らのキャリアに関して自然と興味を持ち始めます。

私がサッカーを始めたのはJリーグが開幕した1993年頃です。その後、中学〜高校生の頃(2000年頃)には、徐々にプロサッカー選手のキャリア問題が指摘され始めていました。

当時は**「セカンドキャリア問題」**と呼ばれることが多く、「サッカー選手は読み書きそろばんがまともにできない」「プライドばかり高くて社会では使いものにならない」といったネガティブな部分が強調されることが多かったと思います。

2023年、Jリーグが開幕して30年の節目を迎え、クラブ数は増え続け、今では60クラブあります。また、海外でのプレー機会も増え続けています。さらに2024年

9月24日、Jリーグが2026シーズンからの選手契約制度の大きな改定を発表しました。その影響はまだ未知な部分も多いですが、基本的に**令和は、より多くの選手がプロサッカー選手という夢を叶えられる時代です。**

一方で、多くの子どもや若者が夢見る「プロサッカー選手」の世界で成功するのはほんのひと握りです。その他大半の選手たちに関して、地に足の着いた情報はなかなか表には出てきません。

本書では、一般公開されている論文、統計データ、事例など、そして私のプロサッカー選手としての経験、サッカー選手をクビになった後に痛感したキャリアのさまざまな課題・機会、日本・海外でのビジネス経験などをもとに、**職業としてのプロサッカー選手のキャリア**について、「プロ前」「プロ中」「プロ後」に考えるべき視点や情報を整理しています。

また随所に、女子も含めたサッカー選手、フットサル選手、さらには一般企業の採用担当者にまで語っていただいたインタビュー（共著者の小野ヒデコが執筆）も入れています。これらの情報や考え方を知ることで、**より多くの人たちが、憂《うれ》いなくプロサッカーに挑戦できる**ようになってほしいです。

第1章では、「**プロサッカー選手とは何か?**」という根本的な問いに対して、その定義や、国内外のプロサッカー選手の機会の広がりについて書いています。「プロサッカー選手＝Jリーガー」という限定的な捉え方を変え、職業としてのプロサッカー選手の枠を広げて捉える素地をつくることが狙いです。

第2章では、**プロサッカー選手になるためのパスウェイ**※**（進路の選択肢）**と、それぞれの選択肢の長所／短所を考察しています。「プロ選手になるための最短進路」ではなく、引退後も含めた人生全体を考慮した上で「どうプロになるか？」を考えていきます。特に**「高卒と大卒のどっちでプロを目指すか」**はキャリアの大きな分岐点であり、近年傾向が変わってきていることもあり、丁寧に解説しています。

第3章では、プロサッカーで上を目指す競争の厳しさや、プロ契約の給料体系の現実などをデータを駆使して見渡していきます。先ほど触れた契約制度の改定情報も含め、**プロサッカー選手のさまざまな「リアル」を知る**ことで、引退後のキャリアを真剣に考える意義を鮮明にするのが狙いです。

第4章では、**引退後のキャリアについて**、「サッカー関連」「サッカー以外」という2つの軸でさまざまな選択肢を紹介しています。また、それぞれのキャリアで期待されることや要求されるスキルについても言及しています。それぞれが望むネクストキャリアを模索するきっかけを提供できればと思います。

第5章では、異業種からライターに転身し、アスリートのキャリア形成に関して数多く執筆している共著者の小野が、**女子プロサッカー選手の現状、男子選手が置かれた**

※**パスウェイ**
本書では、競技者として歩む道筋を指す「パスウェイ」という専門用語を使う。

状況との相違点、女子選手に対するキャリアサポート、キャリアのロールモデルなどについて紹介しています。

最終章の第6章では、第1章〜第5章までの話を踏まえて、**プロサッカー選手として培《つちか》った「力」を人生でどう運用していくべきか**考えていきます。「サッカーが人より上手い」ということを超えて、プロサッカー選手を経験することでどんな「普遍的な力」が身につき、それを社会でどう活かしていくのか――サッカーやスポーツ分野以外からさまざまな知見を集め、それらを引退後のネクストキャリアの文脈に落とし込むという、知見の通訳的なことを試みました。

この本は、次のような立場にいる方たちに向けて書きました。

- かつての私のようなギリギリのプロサッカー選手（本書では「**プロサッカーのリアルにいる選手**」と呼びます）
- これからプロサッカー選手を目指す学生や大人
- プロサッカー選手を目指す子どもを持つ親や指導者

さらに、プロサッカー選手というキャリアを「専門分野に特化したキャリア」と一般化するならば、サッカー界以外の分野にも示唆があるかもしれません。

目次

サッカーで、
生きていけるか。

第3章

プロサッカー選手の理想と現実　59

Case 2
星野圭佑

第4章

引退後はどんなキャリアが広がっているか

第5章 女子サッカー界の実情とロールモデル

第6章　サッカーから得た力をどう活かすか　201

【編集部注】

・章末のインタビュー記事と第5章は小野ヒデコが、その他のパートは阿部博一が執筆しています。

・人物の年齢や所属は、特筆されていない限りは2024年8月31日時点、インタビュー記事で取り上げた人物に関しては取材時のものです。

・2024年9月24日、Jリーグより、2026年2月から選手契約制度が改定されると発表されましたが、本書の内容は断り書きがない限り2024年時点の契約制度におけるものです。

・ポジションの表記は以下の略語を使用しています。

- ゴールキーパー：GK
- ディフェンダー：DF
- ミッドフィルダー：MF
- フォワード：FW

・著者の意向により、印税の一部がサッカー界に寄与する活動・団体に寄付されます。

第1章

広がるプロサッカーの選択肢

「プロサッカー選手＝Ｊリーガー」という認識が強いかもしれません。ですが今では、プロとしてプレーできる機会・選択肢は増えてきています。狭き門であることに間違いはありませんが、一部の超エリート選手でなくとも、諦めなければ手の届く現実的な夢と考えることができるのです。

そもそも「プロ」の定義とは何なのか？　プロの受け皿や競技人口はどのように変化しているのか？本書を読み進める大前提となる、意外と知られていない基礎知識を確認していきましょう。

「プロサッカー選手＝Ｊリーガー」ではない

本書では、プロサッカー選手のキャリアについて書いていきますが、**そもそもプロサッカー選手の定義とは何か？**という話をいちばん最初にしたいと思います。

日本では１９９３年のＪリーグ開幕以降、「プロサッカー選手＝Ｊリーガー」という認識が一般的だと思います。最近では海外でプレーする選手も増えたので、Ｊリーグのトップで活躍する選手は欧州5大リーグなどの海外トップリーグに挑戦できる、という印象もあるかもしれません。

一方で国内でも、**Ｊリーグ以外、例えば日本の4部・5部リーグにもプロサッカー選手は存在します。**私は２００８〜２０１０年に、当時の九州リーグ（4部リーグ）、その後昇格してＪＦＬに所属していたＶ・ファーレン長崎※でプレーしていました。Ｊクラブではないにもかかわらず、九州リーグ時代は約半数がプロサッカー選手、ＪＦＬに昇格してからはほぼ全員プロサッカー選手でチームが構成されていました。

実は、**Ｊリーグ開幕前にも、日本にはプロサッカー選手がいました。**例えば、１９６９年創設の読売サッカークラブ（現・東京ヴェルディ）は、当時から選手に報酬を支払っていたので、所属選手は実質プロとして活動していました。また、１９７７年にドイツのブンデスリーガで日本人として初めてプロ選手となった奥寺康彦さんは、帰国後の１９８６年に日本のプロサッカー選手（スペシャル・ライセンス・プレー

※**Ｖ・ファーレン長崎**
その後Ｊリーグに昇格し、２０２４年現在はＪ２所属。

ヤー）第1号として、公式に日本サッカー協会（以下、ＪＦＡ※）に登録され古河電工でプレーしています。

これらの例を考えるだけでも、**プロサッカー選手＝Ｊリーガーではない**ことがわかります。では、Ｊリーガーだけがプロサッカー選手でないとすると、プロサッカー選手とは厳密にどのように定義されるのでしょうか？

ＦＩＦＡが定義する「プロサッカー選手」と「プロサッカークラブ」

ＦＩＦＡが出している文書「サッカー選手の契約、登録および移籍に関する規則への解説※」には、次のように定義されています。

クラブと書面での契約を結んでいて、フットボールでの収入が実質の支出よりも多いのがプロサッカー選手。それ以外はすべてアマチュア選手※。

拍子抜けするぐらい簡単な定義ではないでしょうか。また、プロサッカークラブに関しても、次のようなシンプルな定義にとどまっています。

※**ＪＦＡ**
Japan Football Association

※**サッカー選手の契約、登録および移籍に関する規則への解説**
Commentary on the Regulations on the Status and Transfer of Players

※**プロサッカー選手の定義**
A professional is a player who has a written contract with a club and is paid more for his footballing activity than the expenses he effectively incurs. All other players are considered to be amateurs.

――完全にはアマチュアでないクラブ。※――

ちなみに、アマチュアクラブの定義は「プロサッカー選手が登録されていないこと」が条件になっています。つまり、**FIFA定義で考えると、ひとりでもプロがいればそのチームはプロサッカークラブ**というわけです。

FIFAには、日本を含む211の加盟国※があり、加盟国のサッカーや経済の発展レベルには大きなバラつきがあります。**世界のプロサッカー選手の中には、エージェントを通じて億単位の契約を結ぶ選手もいれば、傭兵的に1試合の勝利給を日銭に生きている選手もいます。**FIFAが最低／最高賃金の設定や契約年数などに言及し始めると、すべての国の現実を反映できないという実情があるため、このようなシンプルな定義にとどまっていると考えられます。

JFAによる定義と「プロサッカーのリアルにいる選手」

このFIFA文書をもとに、JFAでは「プロサッカー選手の契約、登録および移籍に関する規則」を定めており、日本におけるプロサッカー選手の定義がより細かく

※**プロサッカークラブの定義**
a club that is not a purely amateur club.

※**211の加盟国**
2023年時点。

明記されています。日本のプロサッカー選手の契約に関しては、現行のＡＢＣ契約と２０２６年から施行予定の新制度について後章で詳しく触れるのでここでは割愛しますが、**日本においてプロサッカー選手とは、「プロサッカー選手の契約、登録および移籍に関する規則」に準ずる「日本サッカー協会選手契約書」にクラブと合意してサインした選手**となります。

もちろん、その多くはＪリーガーなのですが、**Ｊリーグでプレーしない選手でも、クラブと「日本サッカー協会選手契約書」にサインしていればプロサッカー選手です。**また、海外でプレーする選手は、その国のサッカー協会やクラブの選手契約規定に従うことになります。近年では、Ｊリーグの拡大や日本人選手の海外進出などが主な要因となり、「プロサッカー選手＝Ｊリーガー」という認識では捉えきれないほどにプロサッカー選手は多様化しています。

ちなみに、私は「元プロサッカー選手」ですが「元Ｊリーガー」ではありません。ただ、日本では「プロサッカー選手＝Ｊリーガー」という印象があまりにも強く、「元Ｊリーガーの阿部さんです」と紹介されることがしばしばあります。そのたびに「いえ、僕は当時ＪＦＬのＶ・ファーレン長崎でプレーしていたので、Ｊリーガーではありません」と説明しますが、その説明のタイミングを逸したときは、相手を騙《だま》しているかのような気まずい感覚があります。Ｊリーガーではなかった元プロサッカー選手には、同じような経験をしている人もいるかもしれません。

ひと口にプロサッカー選手と言っても、実はかなりバラつきがあり、サッカー人生やその後のキャリアもさまざまです。プロとして突き抜けて成功した選手は、その後のキャリアを心配する必要はないと思います。しかし、「そうでないほとんどの選手」は、**プロサッカー選手という職業の現実を理解し、その後のキャリアを考えることが絶対的に必要**というのが私の主張です。その上で挑戦するプロサッカーには無限の価値があると思います。

本書では、左記のような状況にある選手のことを**「プロサッカーのリアルにいる選手」**と呼ぶことにし、そのような選手たちが職業としてのサッカー選手にどのように挑戦していくべきか、さまざまな視点から考えていきます。

- 中層～下層リーグに所属する選手。
- 試合にコンスタントに出場するためには下部リーグに移籍が必要なＪ１／Ｊ２クラブ所属の選手。
- 文脈によっては、Ｊ１／Ｊ２でコンスタントに試合に出場できているものの、日本代表や海外強豪国のトップリーグでのプレーには及ばず、知名度や収入面を考えると引退後のネクストキャリアを真剣に考える必要のある選手。

※**１８５８人**
２０２３年２月１日時点。

Ｊリーガーになれる確率は格段に上がった！

２０２３年でＪリーグは30周年を迎えました。１９９３年の開幕からさまざまな変化がありました。最も大きな変化は、参加クラブ数とリーグ構成だと思います。開幕当初のＪリーグには「オリジナル10」と呼ばれる10チームしかなく、リーグ構成もＪ１リーグのみでした。

２０２３年には、Ｊ１、Ｊ２、Ｊ３の３部リーグ制になっており、計60チームが登録されています。全国でＪクラブがないのは福井、滋賀、三重、和歌山、奈良、高知、島根の７県のみとなっています。登録選手数は１８５８人※にまで増えており、１チームに30人の選手が登録すると仮定すると、１９９３年は３００人程度だった選手数が６倍以上に増えた計算になります。つまり、**１９９３年と比べると、約６倍多くの選手がＪリーガーを目指せる環境がある**わけです。

Jリーグクラブ数の推移（1993～2023年）

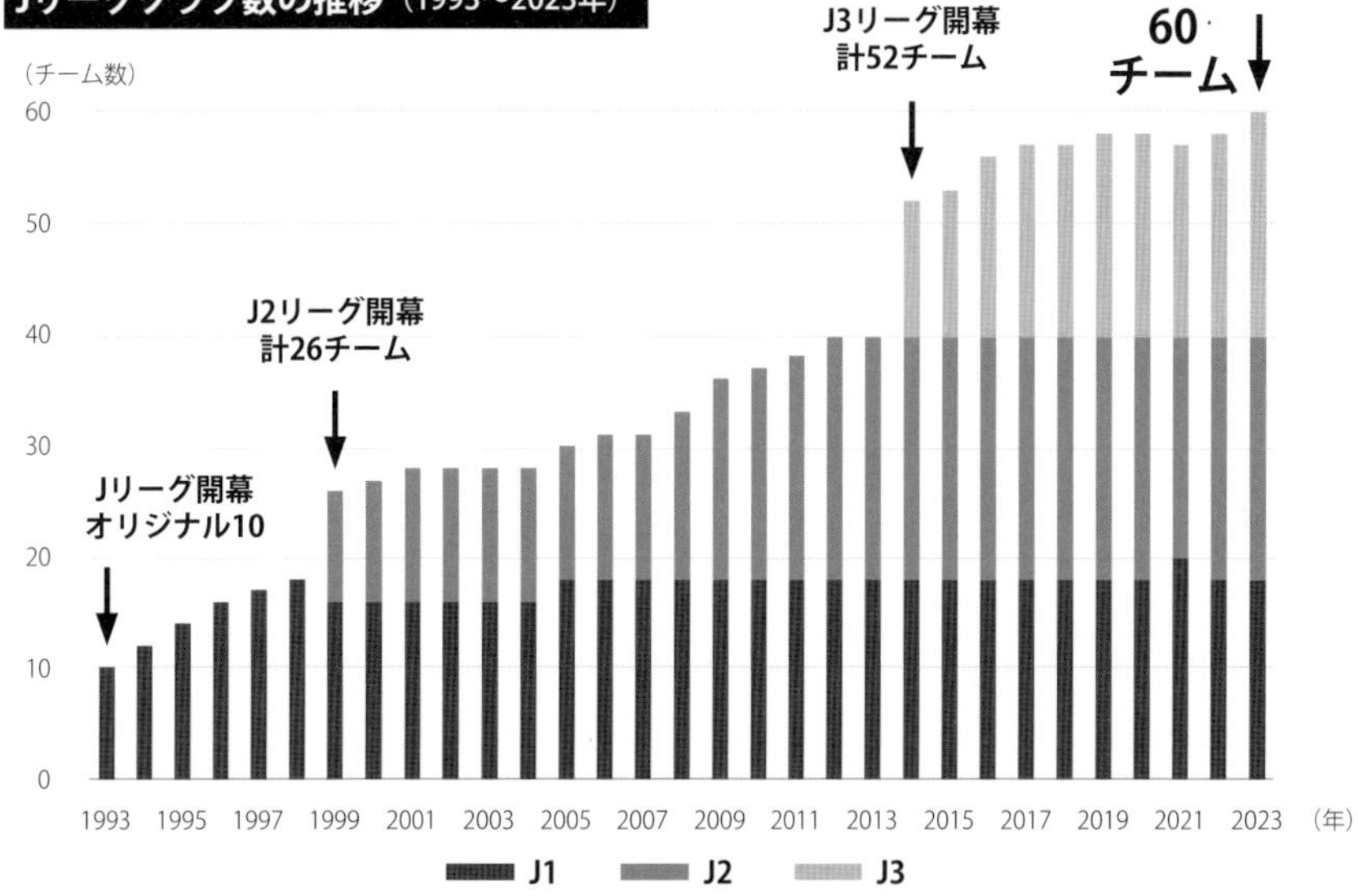

※Jリーグデジタルデータブック「年度別開催概要」をもとに阿部作成 https://ddb.j-league.or.jp/other/j1/

私が現役でプレーしていた時期（２００８～２０１０年）は、ちょうど新興クラブが増え始めた時期で、リーグ構成もＪ３はまだなく、Ｊ１↓Ｊ２↓ＪＦＬという序列でした。当時のＪＦＬには、Ｖ・ファーレン長崎の他に、現在Ｊ１リーグで躍進しているＦＣ町田ゼルビアや、松本山雅ＦＣ、ツエーゲン金沢、ブラウブリッツ秋田、ＦＣ琉球、ガイナーレ鳥取などがありました。企業クラブではなくプロサッカークラブとして設立し、その後多くのチームがＪリーグに昇格しています。高卒選手は少なかったですが、特に大卒選手でＪクラブから声がかからなかった選手は、これらの新興クラブに入団することでプロサッカー選手への夢をつないだケースが多かったと思います。

Ｊクラブの増加により、Ｊリーグでプレーする選手数はここ30年で格段に増えましたが、これを日本の全サッカー人口と比較して考えてみます。サッカーの試合に参加するためには、チーム・選手はＪＦＡに登録する必要があります。選手登録は競技・年齢・性別に

選手登録カテゴリー

第1種	年齢を制限しない選手により構成されるチーム Jリーグ・JFL・社会人連盟・大学連盟・高専連盟など
第2種	18歳未満の選手で構成されるチーム（高校在学中含む） 高体連・クラブユース連盟・その他
第3種	15歳未満の選手で構成されるチーム（中学校在学中含む） 中体連・クラブユース連盟・その他
第4種	12歳未満の選手で構成されるチーム（小学校在学中含む）
女子	12歳以上の女性選手のみで構成されるチーム なでしこリーグ・一般・大学・高校・クラブ（高校）・中学・クラブ（中学）
シニア	40歳以上の選手で構成されるチーム

※日本サッカー協会「登録・申請・手続き　チーム・選手登録」をもとに阿部作成
https://www.jfa.jp/registration/player_team/

※**男子サッカー選手登録数**
第１種～第４種のどのカテゴリーにも女子選手が入れるので、厳密には男子サッカー選手登録数とは一致しないが、まだまだ女子選手が少ない現状を考慮し、ここでは男子サッカー競技人口の近似値として扱う。

応じてカテゴリーが分かれていますが、本章では主に次の４種を見ていきます。

- 第１種：主に社会人・大学生
- 第２種：主に高校生
- 第３種：主に中学生
- 第４種：主に小学生

１９９３年と２０２３年の男子サッカー選手登録数※（第１種〜第４種）を比較すると、伸び率は８・４％の微増にとどまっています。実質プロ選手になる可能性のある第１種・第２種の選手（主に社会人、大学、高校の選手）では、マイナス７・９％の微減となっています。

「Ｊリーグ選手数は増加」「当該カテゴリーの競技人口は低下」という事実を踏まえると、単にＪリーガーの数が増えただけではなく、**Ｊリーガーになれる確率は、Ｊリーグ開幕当時から比べると格段に上がっている**と言えます。

選手登録者数推移の比較（第1種～第4種合計／第1種～第2種のみ）

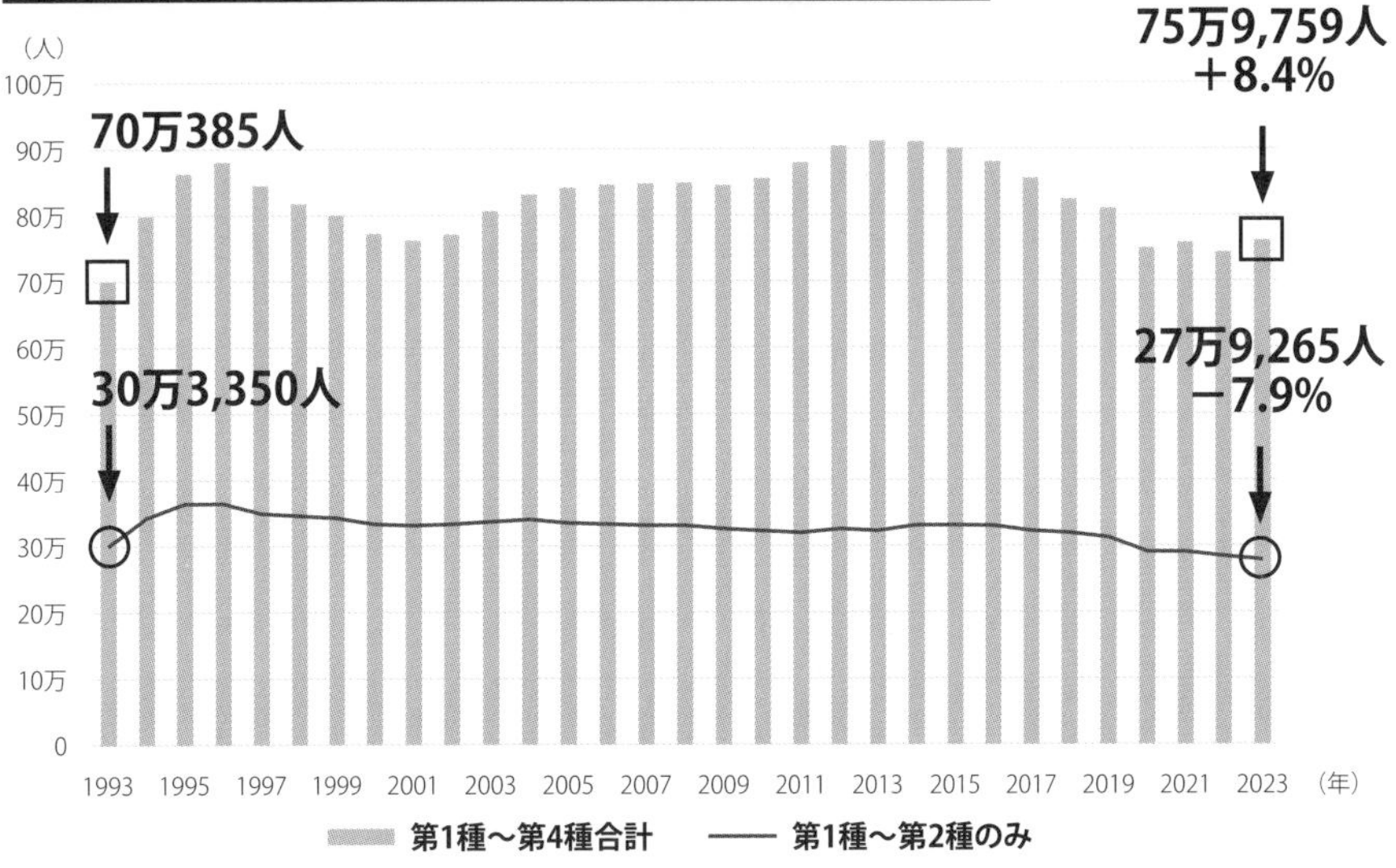

※日本サッカー協会「サッカー選手登録数」をもとに阿部作成 https://www.jfa.jp/about_jfa/organization/databox/player.html

さらに、リーグ拡大やチーム数の増加は、副産物として**選手寿命を確実に延ばした**はずです。引退年齢に関しては後章で詳しく触れますが、以前はJ1で契約満了となると、他J1クラブへ「横移動」しかできなかったため、パフォーマンスがJ1で通用しなくなると引退という選択肢しかありませんでした。しかし**今では、J1で契約満了になっても、リーグのレベルを落としてプロとしてプレーを継続する「縦移動」ができるようになった**のです。

広がる「Jリーガー以外」の選択肢

その他に近年顕著なトレンドとして、**海外リーグでプロとしてキャリアを積む選手もかなり増えています。**

スイスのサッカー専門調査機関であるCIES Football Observatoryでは、国外でプレーした選手のデータを世界135のリーグにわたり集計しています。そのデータによると、2022年は日本の国外プレー選手数は23位にランクインしており、165人の選手が33の海外リーグでプレーしています。これはオーストラリア101人(40位)、韓国58人(55位)をはるかに上回り、アジアでトップの人数です。

先ほど既に紹介した、1977年にドイツへ渡り、1.FCケルンをはじめとするドイツの複数クラブでプレーした奥寺康彦さん、その他にも、台湾大学留学中の１９７５年にスカウトされ、香港サッカーリーグの東方足球隊でプレーした佐田繁理《しげり》さんなどが海外組第1号として国外でプレーしてから50年弱経ちますが、それ以降、海外でのプレー機会は確実に広がっています。ちなみに佐田さんは、シンガーソングライターの「さだまさし」さんの弟です。

また、海外リーグでプレーすることの価値観も、近年少しずつ変わってきていると思います。私が選手としてプレーしていた２０００年代後半は、欧州主要リーグ以外の海外でのプレーというのは、「Ｊリーガーになるため」または「サッカーをなんとか続けるため」の最終手段という意味合いが大きかったように感じます。

例えば、海外に拠点がある数少ない日系クラブ、アルビレックス新潟シンガポールを経由してＪリーガーになるという挑戦をした選手が、私の同世代には数多くいました。しかし、近年ではＪリーグへの凱旋《がいせん》だけでなく、欧州、東南アジアなどの海外リーグを転々としながら、ＵＥＦＡ※（欧州サッカー連盟）／ＡＦＣチャンピオンズリーグなどの国際大会出場を目標とする選手も出てきています。

最後に余談ですが、**プロとして大成しなかった選手、またはプロサッカー選手になれなかった選手が「競技転向」してサッカーを続けるケースも、近年では増えてきている印象です。**

※**ＵＥＦＡ**
Union of European Football Association

私の草サッカー仲間の奥山正憲選手は、2009年に神奈川大学卒業後、プロサッカー選手にはならずに一般企業に就職してサッカーを続けていました。その後、2012年にビーチサッカーを始め、2015年には30歳を前にビーチサッカー日本代表に初招集されています。そして、2021年のビーチサッカーロシアW杯では準優勝を成し遂げています。準決勝のセネガル戦で得点する奥山選手を見たときは、「こういうサッカーの続け方、上の目指し方もあるんだな」と考えさせられました。

「より多くの人がプロを目指せる時代」に考えるべきこと

Jリーグの成長によるクラブ数／選手数の増加、そしてプレー機会のグローバル化によって、より多くの人がプロサッカー選手という夢を叶える可能性が広がりました。上は欧州5大リーグ（イングランド、スペイン、イタリア、ドイツ、フランス）またはその他海外強豪のトップリーグ、下はJクラブを目指す地域クラブや海外リーグを転々とするキャリアまで、職業としてのプロサッカー選手は、より大きなキャリアピラミッドを形成しつつあります。

この大きなピラミッドの中で、特にJ3、JFL、地域リーグ、海外サッカー強豪国の下部リーグ（3部以下）、海外サッカー非強豪国のトップリーグという、ピラミッ

※**グラスルーツレベル**
「草の根」「根元」「みんなの」という意味。プロを目指すエリートだけではなく、年齢、性別、障がい、人種などに関わりなくサッカーをプレーするすべての人たちを含む。

ドの中層から下層を考えるならば、**ある程度の競技レベルの選手であれば「より多くの選手がプロを目指せる」時代が到来している**と思います。

誤解を避けるために補足しますが、中層〜下層リーグの選手や、そのレベルでのプレーを考えている高校生・大学生（プロサッカーの手前の選手）は、そこそこの経験者ではまったく歯が立たないレベルにいる選手であり、グラスルーツレベル※を含んで考えればかなりの高みにいる選手です。

より多くの人がプロサッカー選手を目指せるというのは、基本的にはとても良いことだと思います。一方で、**長く見積もっても、職業としてのプロサッカー選手は15年程度しか続けられないことがほとんどです。**特に中層〜下層リーグの選手は安定的な職業というよりは、数年間の稀有《けう》な経験と捉えたほうが現実的です。

私がプレーしていたときのV・ファーレン長崎は、まさに中層にあったクラブです。そこで当時

近年のプロサッカー選手の機会の広がり

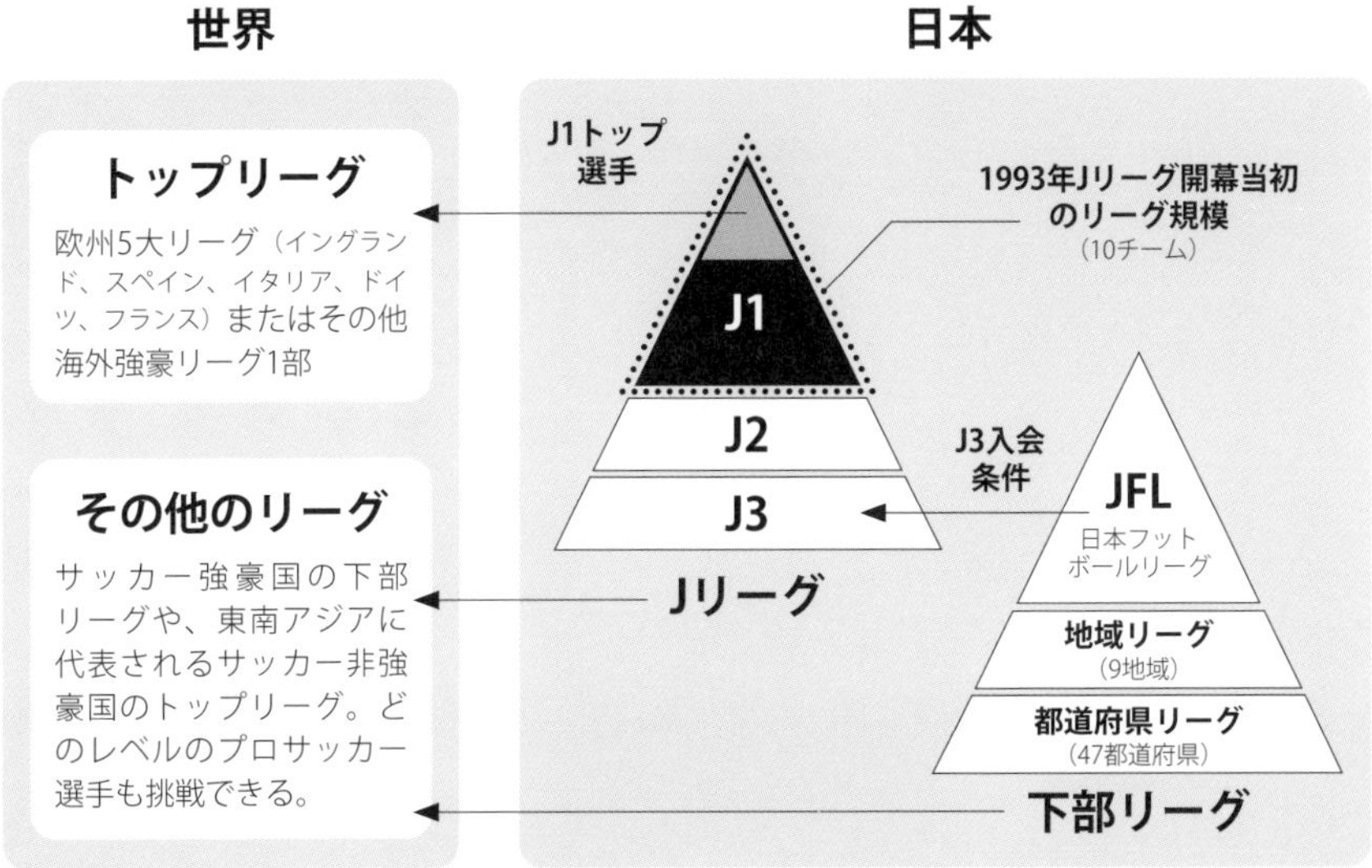

※日本フットボールリーグオフィシャルWebサイト「リーグ構成」をもとに阿部作成 http://www.jfl.or.jp/jfl-pc/view/s.php?a=721

一緒にプレーしていた選手は、今ではサッカークラブ経営、サッカー指導者、教員、自営業、地元企業に就職、サッカー以外のビジネスで起業、自衛隊員など、さまざまなキャリアを築いています。しかし現役当時は、仲の良い選手間で「来年どうする?」ぐらいの会話があった程度です。サッカーを終えた後のことは「考えているようで考えていない」状況だったと思います。

では、**実際にプロサッカー選手になる前にどのような準備が必要で、引退後はどのような人生があるのか**。プロサッカーのリアルにいた経験を人生にどう活かしていくのか。次章以降で探求していきたいと思います。

キャリアを考えるチェックシート

□ 以下について理解できたか？
- ✓「J リーガー」以外にも、プロサッカー選手としての機会は国内外に広がっている（JFL ／地域リーグ／アジアをはじめとする海外リーグ ......etc）
- ✓ FIFA と JFA、それぞれが定める「プロサッカー選手」の定義
- ✓ チーム数やリーグ数の増加にともない、J リーグではキャリアの「横移動」と「縦移動」の選択肢が広がった
- ✓ 海外リーグでプレーすることの価値観は変わってきた
- ✓ 競技転向してサッカーを続ける選択肢もある

□ どのカテゴリーの選手を目指すか？

□ 選手としてのピークを過ぎた後は、どの程度までカテゴリーを落としてプレーするか？

□ 何歳までプレーしたいか？

□ キャリアのどこかで海外リーグでのプレーを考えている場合、どんな準備が必要か？

□ サッカー選手を終えた後のネクストキャリアの考え・準備はあるか？

Jリーグプロ選手から
地域リーグのアマチュア選手へ
「サッカー選手としての価値は今が一番高い」

Wataru Sumida

隅田航（35）

「プロサッカー選手になる」夢が叶ったのは、18歳のとき。現在、中国サッカーリーグ所属の福山シティFCで最年長選手として活動する隅田航は、Jリーグ、JFLリーグ、そして地域リーグと、異なるリーグを経験してきた。肩書だけ見ると、Jリーガー時代が“ピーク”に見えがちだが、「ピークは今かも」と言う。サッカー選手としての肩書にこだわらない隅田のキャリア変遷と価値観を聞いた。（取材日：2023年7月14日／写真：本人提供）

18歳で叶った、Jリーガーになる夢

ユースチームからJリーグチームに「昇格」できる選手は限られている。隅田航は、高校時代に京都パープルサンガ（現・京都サンガF.C.）のユースに選ばれ、高校2年のときにはJリーガーになれる手応えを感じ始め、高校3年の夏に、京都パープルサンガへの入団が決まった。

当時、大学進学をする気は毛頭なかった。

入団したユースの同期の中で、トップチームに昇格したのは隅田の他にひとりだけだった。幼少期から思い描いていた「プロサッカー選手になる」夢は、18歳で叶った。

「当時、その先の目標設定をしていませんでした。達成感を味わってしまったのもあり、目標を失ってしまった。元々、日本代表選手や海外クラブでのプレーまで思い描いていたら、また違った人生になっていたのかもしれません」

当時J2だった京都サンガでは、隅田と同じポジションのFWに、体格の良いブラジル人選手や、J1チームから移籍してきた実力派選手がいた。同時期に、ポジションは違うが元日本代表の秋田豊や森岡隆三も入団している。

入団後の初シーズン、試合出場メンバーはほぼ固定となり、隅田の試合出場はゼロに終わった。

Jリーグから地域リーグへ「異存はなかった」

翌年2008年、隅田は当時九州リーグ所属のV・ファーレン長崎に「レンタル移籍」した。レンタル移籍とは期限付きの移籍のことで、若手選手に試合経験を積ませ育成する意図も含まれている。Jリーグではない環境でサッカーをすることには「とりあえず試合に出たいと思っていたから、異存はなかった」と言う。

レンタル移籍をして、予想外だったことが二つあった。ひとつは、サッカーのレベルだ。地域リーグは「余裕だろう」と思っていたものの、「メンツ（チームメンバー）を見るとレギュラーになれるかわからないと思うほどレベルが高かった」と振り返る。

もうひとつは環境面だ。Jリーガー時代は、練習着やユニフォームは「洗濯してもらって当然」で、移動はチーム専用の大型バスだった。長崎では洗濯は各自でするのが当たり前で、移動時間も長いときで2時間あった。「しかも、メンバーの車で乗り合わせて行く感じだった」

そうした環境の変化があったが、ポジションをFWからサイドバック（DF）に変更し、スタメン争いに勝ち続けた。隅田が移籍をした翌年、2009年にV・

ファーレン長崎はJFLに昇格した。個人成績も、2年間でリーグ試合出場数45回、6得点の実績を残したが、「メンタル的にはきつかった」と言う。

「試合に出られないのももちろん苦しいですが、スタメンを獲得し続けて、試合に出続けるのも苦しいことだと思い知りました」

当時、隅田とポジション争いをしていたのは、隅田より5歳年上で、同じくJクラブから移籍してきた立石飛鳥だった。隅田がスタメンを勝ち取る機会は多かったものの、『明らかに立石選手のほうがいいだろう』と思われていると感じていました」と胸の内を明かす。

後先考えず、21歳で現役引退

当時はそういった葛藤を見せず、エースとして活動していた隅田だったが、3年目の契約更新はしなかった。21歳で現役引退をしたことについて、「後先考えずに辞めました」と思い返す。

きっかけとなったのは、契約更新のときにチーム側から言われたある一言だった。

「『他のチームも探していいから』と言われました。V・ファーレン長崎が目指していたのはJリーグチームになること。そのためには、スタジアムの所有が必要です。スタジアム設立には数年かかる予定だったため、気遣いの意味を込めて言ってくれたのかもしれません。でも、自分は必要とされていないという意味で受け取ってしまって。それまでにも、給与面などで小さな不満が溜まっていたこともあり、腹が立ってしまって、それだったらもういいという感じで契約更新は断ったんです」

サッカー選手のポジションを一時の感情で手放した隅田は、将来設計をしていなかったため、京都サンガのスポンサーでもあり声をかけてくれた焼肉店で働くことにした。接客業から厨房での仕込みまでをすべてこなし、仕事自体は楽しかったが人間的成長は特にはなかったと振り返る。

親からは散々心配されたものの、響く

隅田航 Wataru Sumida

1988年、愛媛県生まれ。高校時代に、京都パープルサンガのユースとして活動し、2007年に当時J2の京都パープルサンガF.C.に入団。2008年に当時九州リーグ所属のV・ファーレン長崎に期限付き移籍し、翌年2009年1月にJFLに昇格した同チームに完全移籍するも、同年末に退団。2010年から1年間、京都にある焼肉店で働いた後、現役復帰。2011年に中国サッカーリーグ所属のデッツォーラ島根E.Cに入団し、島根県のチームとしては初となるリーグ優勝に貢献する。2019年2月に、広島県リーグ所属の福山SCC（現・中国サッカーリーグ所属の福山シティFC）に移籍し現在に至り、2024シーズンをもって引退を発表。ポジションはFW、DF。2023年9月に創設された7人制サッカーの福山シティSC（ソサイチクラブ）の選手としても活動中。

福山シティ FC でプレーする隅田＝本人提供

ことはなかった。働き始めてから1年が経ち、今後のことを考えていた矢先、V・ファーレン長崎時代のチームメイトから連絡があった。

「当時、中国サッカーリーグ所属のデッツォーラ島根E.Cでプレーをしていた敏行（幸野屋敏行）に『お前、ちょっと来いよ』的な感じで声をかけられたので、もう一回やってみようかなと思ったんです」

「消えかけていた この心の炎に、 一気に火がついた」

2011年、現役復帰をした隅田は、アマチュア選手になった。チームの紹介で食品工場にてフルタイムの仕事をし、就業後に練習をする生活を8年間送った。選手としても若干の報酬はあり、かつ、家賃は球団持ちだったため、生活には困らなかった。

そして隅田が入団した2011年、デッツォーラ島根は島根県のチームとしては初となる中国リーグで優勝。地域リーグの中でもレベルが高い環境に満足していたという。そのため、JFLやJリーグ昇格は「できたらいいな」くらいにしか考えていなかった。

転機となったのは、30歳が近づいてきた頃だった。当時、デッツォーラ島根のチームメイトが運営するサッカースクールで、小中学生にサッカー指導もし始めていた。指導者の道にも興味を持ち始めたとき、そのチームメイトから「もう一回Jリーグ目指しませんか？」と言われた。そのとき、隅田は「無理」と一刀両断しなかった。

「最初は将来性や年齢的な面で二の足を

踏みましたが、指導している子どもたちには『チャレンジしろ』とか『ミスなんかしても気にするな』みたいにポジティブな声かけをしているのに、俺自身はチャレンジしているのか、と思ったんです。最終的には、葛藤したときはもうやるしかないと思い、消えかけていたこの心の炎じゃないですけど、それに一気に火がつきました」

そこで、手立てを考えるなか、デッツォーラ島根ではなく別のサッカーチームで高みを目指すことにした。そんななか、広島県2部に所属する福山ＳＣＣ(現・中国サッカーリーグ所属の福山シティＦＣ)に声をかけてもらったことで、２０１９年2月に移籍した。選手という立場だけでなく、チームの運営にも携わるようになった。同年11月、クラブ名を「福山シティフットボールクラブ(ＦＣ)」に変更。「福山市から本気でＪリーグチームをつくる」とリブランディングした。

選手としての価値は、肩書では測れない

しかし、自身のユニフォームが年間で5～6枚しか売れなかったとき、「この数はやばいと衝撃を受けた」と思い返す。「自分にはもっと価値があると思って。そこから『サッカー選手としての価値は何か』という点に目が行き始めて、応援してくれる人の数を意識するようになり、自分自身が変わっていきました」

どうしたらお金を生み出せるか、どうしたら応援してくれる人が増えるか――。

イベント企画なども積極的に開催していったことで、観戦者数やユニフォームの購買数も、徐々に上がっていった。

「これまでの京都、長崎、島根での経験とは別物。選手としてはキャリアがありますが、マネジメント業は初めてだったので、やり方もわからないし、本当に難しい。でも、選手としての価値はすごい高くなったなと感じています」

学生の居場所づくり活動「STUily（スタイリィ）」のプロジェクトマネージャーも務める隅田。一般社団法人ふくやま社中主催の第２回福山生徒会サミットに参加する様子＝本人提供

福山シティFCは、2020年、2021年に広島県リーグ1部で優勝を収め、2022年からは中国サッカーリーグに昇格。2023年4月から下部組織のアカデミーチームを設立している。

今では、チーム内でのユニフォーム売上数は隅田がトップで、中国サッカーリーグでも名の知れた選手になっている。今思うのは、「Jクラブより、地域リーグの福山シティFCのほうが価値がある」ということ。

「試合観戦者は4000人近くまで入ることもあります。サポーター数でいったら、Jクラブには負けていない。選手個人の活動も自由にできる環境なので、ファンやチームに還元される企画をすると、めちゃめちゃ応援してもらえます」

サッカー選手として、Jリーガーから始まり、JFL、地域リーグを経験するなかで、肩書だけ見れば、Jリーグ選手時代がピークに見える。しかし、「自分の中で言うと、アマチュア選手の今がピークかもしれない。福山シティFCに来たことで、人間的にも、サッカー選手としても成長したと思えます」と隅田は語気を強める。

「サッカー選手の価値としては、今がいちばん高いかもしれません。プロ契約かどうかは関係ないと自分では感じています」

30歳を超えてからもサッカーが上手くなっている手応えを感じていて、それは35歳になった今も変わっていないと笑う。

隅田は今、選手としての価値や目的は何と捉えているのだろうか。

「ひとりでも多くの方に感動を届けることですね。隅田航のファンを増やしたい。ファンづくりが人生のテーマのひとつです。サッカーをしている今も、引退をした後も、応援してくれる人がいなかったら、何をやっても上手くいかないと思っていて。応援そして協力してくれる人も含めての『ファン』を増やしていきたいです」

第2章

どのルートからプロを目指すか

プロになるためには、どんなパスウェイ（進路）があるのでしょう？特に「高卒と大卒、どちらでプロを目指すか」は、プロになった後、さらには引退後のネクストキャリアを考える上でもとても重要なポイントです。

それぞれの選択肢の長所・短所・特徴を掴み、自分なりの選択をするための「考える軸」を手に入れましょう。特に育成年代の選手のキャリア形成における指導者の役割にも触れていきます。

「高卒→プロ」の2大パスウェイ

サッカーを始めてからプロサッカー選手になるまでの道筋を「パスウェイ」と言いますが、1990年代は「高校／大学卒業→プロサッカー選手」というパスウェイが圧倒的に多かったと思います。しかし現在ではJリーグの裾野《すその》が広がったこともあり、かなり多様なパスウェイが出てきています。

プロサッカー選手になる確率がいちばん高いパスウェイは、「Jクラブ下部組織（ユース／アカデミー）→プロサッカー選手」です。セレクションで選りすぐられた人材が、環境の整ったJクラブの組織で育成されます。小規模精鋭というのもJクラブ下部組織の特徴です。クラブ側も最終的にはトップチームとの契約を意識しているので、アカデミーからより多くのプロ選手が輩出されるのはごく自然だと言えます。

2023年のデータでは52人がJクラブ下部組織からJクラブに内定しています。全学年30人のチームで3年生が10人と仮定すると、全60のユースチームで600人が卒業。そのうちの52人ということはつまり、およそ12人に1人（約8・7％）がプロサッカー選手の契約に至ったことになります。これは他のどのパスウェイよりも高い確率です。

また、Jクラブ以外のユースクラブも含みますが、前回のカタールW杯（2022）では、選出された日本代表26名中、高校時代ユースクラブ所属が13名で、高体連（高校サッカー）出身者（13名）と初めて並びました。ちなみに、日本が初めて参戦したフランスＷ杯（１９９８）では、ユース出身者は０人でした。今後のエリート選手育成の主流がクラブに移行していくトレンドが窺《うかが》えます。

その一方で、**「高校サッカー→プロサッカー選手」というパスウェイもいまだに健在**です。その大きな理由のひとつは、全国４０００校超の高校が参加するサッカー選手権大会の質です。世界的にも、高校の部活動でこの規模の大会があるのは珍しいと言われています。そして高校サッカーには、流経大柏、市立船橋、前橋育英、静岡学園、青森山田など、**Ｊクラブ下部組織と同等、またはそれ以上の組織体制や戦力を有する学校が数多くあります**。

Ｊクラブ下部組織とのいちばんの違いは、部員数だと思います。１００人以上部員がいるサッカー部が日本にはざらにあります。そのため、部内の競争の中である程度生き残った選手のみが育成されるという傾向が強くな

プロサッカー選手になる主なパスウェイ

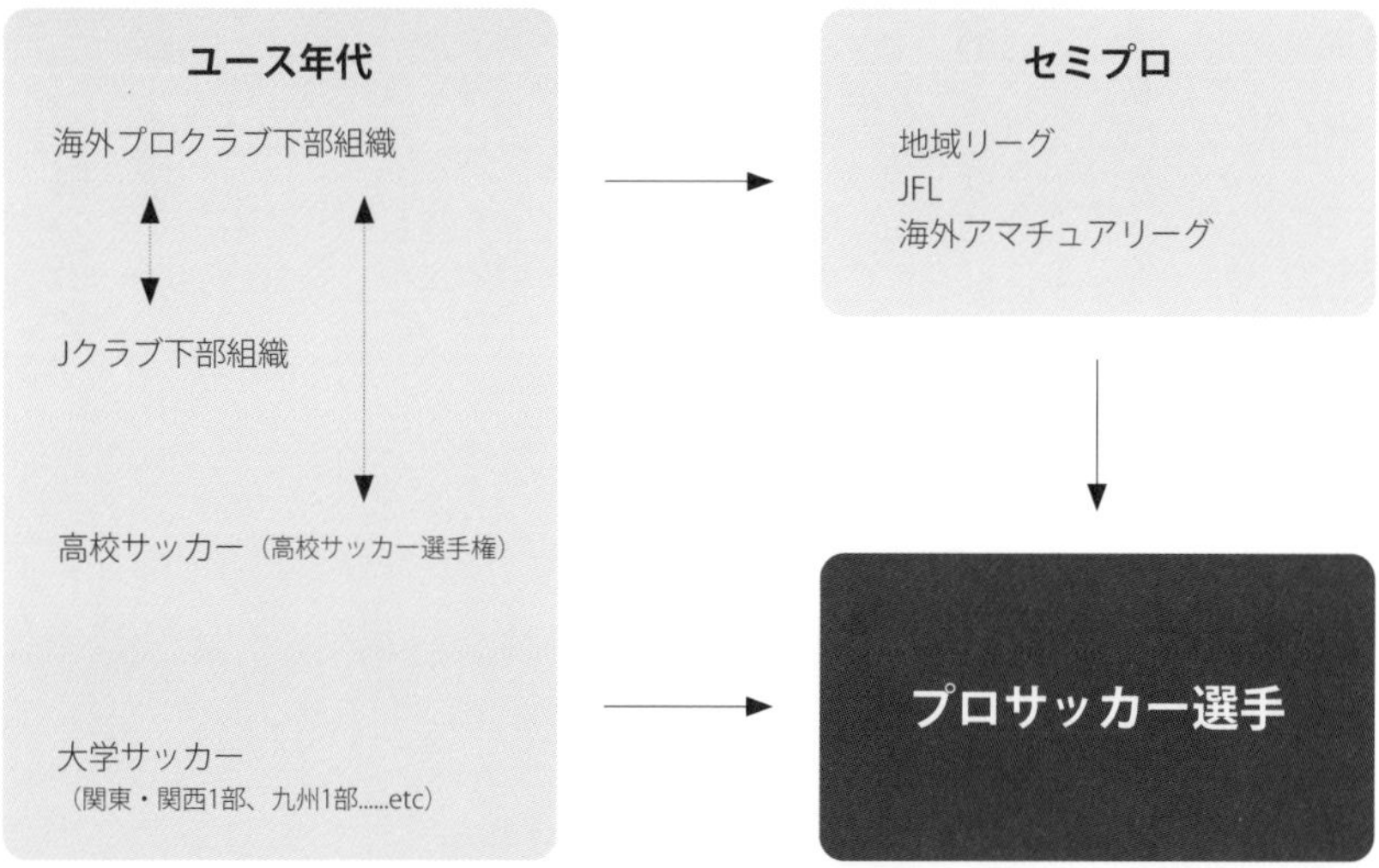

ります。

以前、私がある強豪校を経てプロになった選手と話をしているとき、「母校の出身選手は、プロになる人数は多いけど、プロになってからさらに上で活躍する選手が少ないように感じる」と聞いたのが印象に残っています。そして、次のようなことも言っていました。

「部員数がかなり多いので、競争の中で生き残らないとコーチにしっかり見てもらえない。そうなると短期的に自分の力の最大限を見せないといけない。一方で、Ｊクラブの下部組織は長期視点で育成する傾向があるので、プロに入った後で結果が出やすいのかもしれない」

これは確かに一理ある考え方だと思います。話に出た高校は、これまで１００名近いプロサッカー選手を輩出してきた全国屈指のサッカー名門校ですが、カタールＷ杯（２０２２）の日本代表選手の中にその高校の出身選手はひとりもいません。

一方で、私がＪＦＡのユース年代の担当者と話をしたときには、次のようなことを聞きました。

「肌感覚として、特にストライカーとして上のレベルで活躍する選手は、高校サッカー出身者が多い気がする。ひょっとしたら、生き残りが厳しい高校サッカーでの経験によってＦＷに必要な感性・特性が磨かれるのかもしれない」

確かに、**２０２４年３月におこなわれたＷ杯（２０２６）アジア予選のＦＷ登録選**

手を見ると、４名全員が高校サッカーの出身です。日本代表には流動的に選手が招集されるため、このデータだけでは確定的なことは言えません。例えば南野拓実選手（セレッソ大阪U‐18出身）など、ＪクラブＪ下部組織出身のＦＷも数多くいます。それにしても、「高校サッカーのほうがプロで活躍するＦＷが育成されやすい」というのは興味深い仮説です。

「高校サッカー→プロ」「Ｊクラブ下部組織→プロ」、それぞれのパスウェイに一長一短があります。**どういう環境下で自分は成長するタイプなのか？　今の自分に何が足りないのか？　最終的にどんなプロサッカー選手になりたいのか？**　こういった問いを自身に投げかけることは、進路を考える上で役に立つかもしれません。

三笘選手や長友選手も通った道――増加する「大卒」パスウェイ

「高卒→プロサッカー選手」はエリートコースですが、**近年では「大学サッカー→プロサッカー選手」の人数が確実に伸びてきています。**

W杯（2026）アジア2次予選に登録されたFW選手（グループB、北朝鮮とのホーム戦）

浅野拓磨	四日市中央工業高校
前田大然	山梨学院大学附属高校
上田綺世	鹿島学園高校
小川航基	桐光学園

※日本サッカー協会「マッチレポート（FIFAワールドカップ26 アジア2次予選兼AFCアジアカップ サウジアラビア2027予選）」をもとに阿部作成 https://www.jfa.jp/national_team/samuraiblue/worldcup_2026/2nd_q_2026/groupB/schedule_result/pdf/m06.pdf

これには2つの理由が考えられます。

1つ目は、大学サッカーのレベルがとても高いことです。特に関東、関西、九州は強豪校が多く、流通経済大学、明治大学、阪南大学、福岡大学など、J2～3レベル同等の戦力を有している大学がいくつもあります。

2つ目の理由は、**ネクストキャリア**※を意識しての優位性だと考えられます。「大学は出ておきなさい」という価値観は、日本ではかなり定着しているので、高卒でプロ契約のオファーがあった選手が大学進学するというケースも数多くあります。

例えば三笘《みとま》薫選手は、川崎フロンターレのユースチーム在籍時にトップチーム昇格のオファーをもらっていますが、それを断り筑波大学に進学しています。また、高校まで無名だった選手が大学で才能を開花させるケースも数多くあります。長友佑都選手はその好例です。東福岡高校時代は全国的には無名でしたが、明治大学に進学し、そこで右サイドバックに転向して頭角を現しています。また、守田英正選手の事例も参考になります。守田選手は金光大阪高校から流通経済大学に進学し、大学3年時のデンソーカップチャレンジサッカー（以下、デンソーカップ※）でMVPを受賞し、卒業後は川崎フロンターレに入団しています。

余談ですが、**各地域の選抜選手が出場できるデンソーカップは大学からプロに入る登竜門**と考えていいと思います。サッカーの無名大学でも、個人で選抜されてデンソーカップに出場すればプロへの道が拓ける可能性があるのです。

※ネクストキャリア
競技引退後のキャリアは「セカンドキャリア」と呼ばれることも多いが、「別々のキャリアの山が2つある」というイメージを想起させる。サッカーを通じて培った人としてのアセット（資産）はその後の人生でも運用でき、ひとつの道でつながっているイメージが重要だと考え、本書では「ネクストキャリア」という言葉で表現する。

※デンソーカップ
北海道から九州まで各地域の大学選手で構成された選抜チームとU‐20全日本大学選抜、そして2021年大会からは日本高校選抜が参加する、選抜選手たちの地域対抗戦。

私が通った大学と同じ地区（北海道・東北）に、奥山泰裕《やすひろ》という同じ年の選手がいました。東北学院大学に所属する選手でしたが、当時の北海道・東北地区ではそこまでの強豪校ではありませんでした。それにもかかわらず、奥山選手は北海道・東北選抜に入り、その後全日本大学選抜にも選ばれています。そして、卒業後２００８年にはジェフユナイテッド市原・千葉に入団しています。２００９年には当時ＪＦＬのガイナーレ鳥取に移籍しており、そのとき試合で対戦する機会があり奇妙な縁を感じたのを覚えています。

ちなみに、デンソーカップに出場するためには各地区の選抜に選ばれる必要がありますが、関東・関西地区はサッカー強豪大学が多く競争が激しいです。なので、あえて地方大学に進学して、１～２年生の段階で地区選抜入りを目指すという戦略もあるかもしれません。

近年増加する新たなパスウェイ

その他に近年より顕著になってきているパスウェイとして、ＦＣバルセロナの下部組織でプレーした久保建英《たけふさ》選手、同様に、レアル・マドリードの下部組織でプレーした中井卓大《たくひろ》選手のように、**「海外クラブの下部組織への留学↓プロサッカー選手」**があります。日本人のサッカー留学先は欧州だけではなく、スペインサッカーのアイデンティティを色濃く反映するアスパイア・アカデミー（カタール）なども注目を集めています。

また、スペインで育ち、アルゼンチン人の父と日本人の母を持ち、２０２３年にはＵ-20日本代表としてＵ-20アルゼンチンＷ杯（２０２３）でプレーした髙橋センダゴルタ仁胡《にこ》選手など、**海外で生まれ育ち日本代表を選択する選手も、今後は数多く出てくると思います**。

他にも、優秀な選手を輩出し続ける三菱養和ＳＣのようなＪ下部組織以外のクラブや、強豪校ではなくともＪクラブに強いコネクションを持つ高校／大学からもプロサッカー選手を目指すことが可能です。そして高校や大学を卒業後にプロになれなかった場合も、ＪＦＬ、地域リーグ、または海外リーグ（サッカー強豪国の下部リーグ／非強豪国のトップリーグ）を経由してプロサッカー選手を目指すというパスウェイも残されています。

以前は「サッカー強豪高校／大学→プロサッカー選手」という画一的なパスウェイしかありませんでしたが、今ではプロになるためのパスウェイは多岐にわたります。限られたパスウェイしか存在しない場合、そのパスウェイに乗るための競争があり、そこで淘汰《とうた》されればプロへの道は絶たれてしまいます。ですが**今では、育成年代の早い段階で芽が出なかった選手も、その後何らかのかたちでプロサッカー選手になる事**

例が数多くあります。

「高卒」か「大卒」か、どちらでプロを目指すべきか？

プロサッカー選手を目指すパスウェイは多様化していますが、年代軸で考えると、**「高卒／大卒のどちらでプロサッカー選手になるべきか？」**というのは大きな論点なので取り上げたいと思います。これはサッカー関係者の中でも大きく意見が分かれるトピックです。

私の場合、「いつでも行ける大学に進学するよりも、できるだけ早くプロサッカー選手になりたい」と考えていました。高卒／大卒いずれかでプロサッカー選手を目指す場合、どのようなポイントを考慮すべきなのでしょうか。

データをもとに考えてみましょう。**２００９年以降は、高卒と大卒選手が同数程度プロサッカー選手になっています。**２０２３年は、計１４２人のうち、高卒68人（48％）、大卒74人（52％）です。２０００年台前半は高卒選手が60～70％を占めていたことを考えると、**大卒選手の増加は顕著なトレンド**です。

これは既に述べたとおり、Ｊ２～３レベルの戦力・組織体制を有する大学があり、かつ、大卒が学位を取得できキャリアの幅を広げてくれるオプションだからです。

サッカー強豪大学には、明治、筑波、早稲田など、学問でも名が知れた大学が数多く含まれます。

高校までのサッカー戦績が入学に優位に働き、学業としても名門の大学に進学することができ、その上サッカーレベルもJ2～3相当と考えれば、大学進学という選択は正直とてもロジカルに思えます。

これを反映するかのように、カタールW杯（2022）の日本代表では、選出された26名中9名が大卒選手となっており、日本が初出場したフランスW杯（1998）の11名に次ぐ多さです。

出場数ゼロも？——高卒プロが直面する「18歳問題」

また、**高卒でギリギリの実力でプロになった場合、入団直後の18歳以降に出場機会がなくなり伸**

Jリーグ内定選手の高卒／大卒割合の推移（2001～2023年）

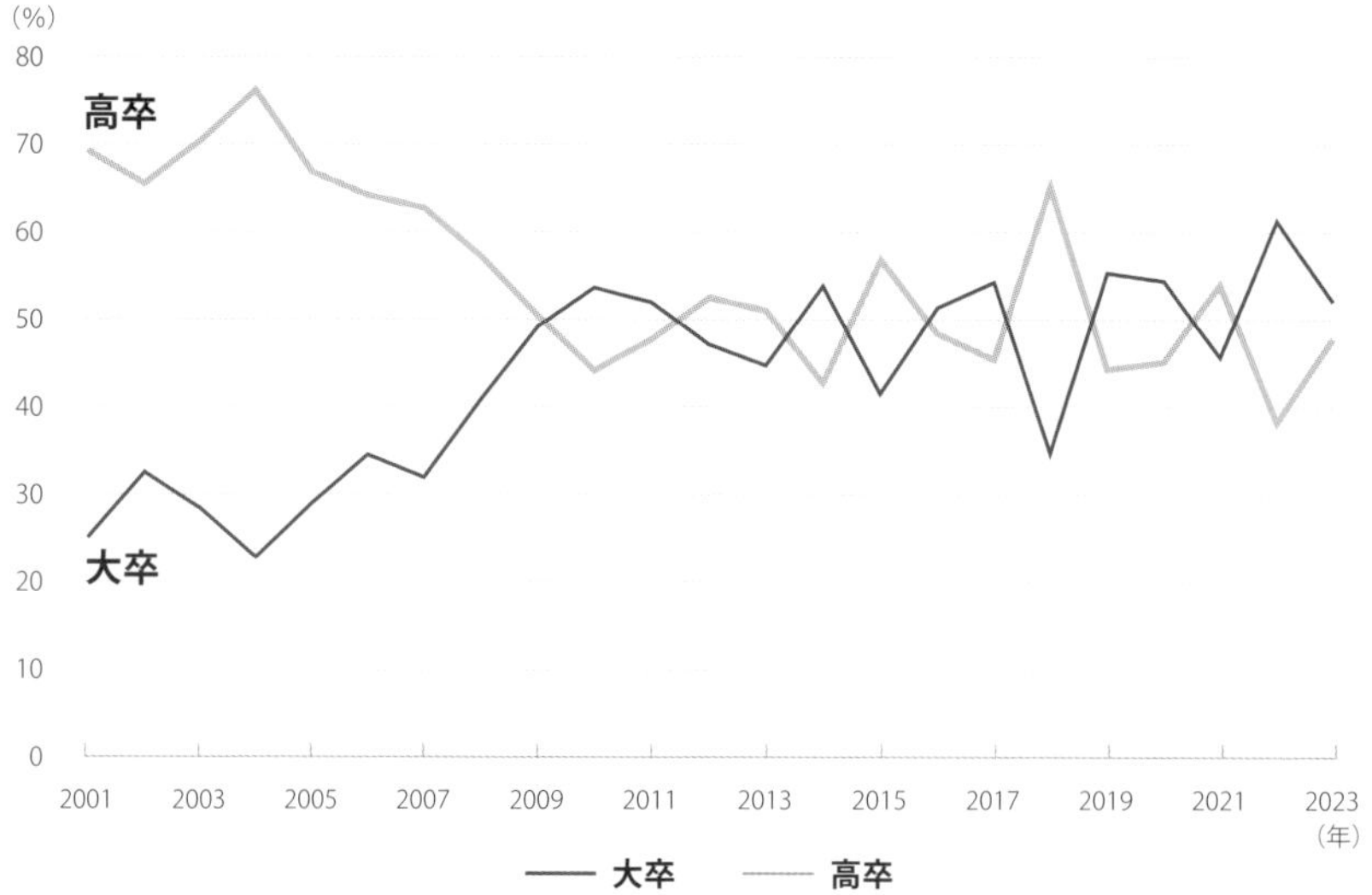

※No Football, No Life.「Jリーグプロ内定・新規加入選手数推移（大学・高校・ユース）｜2001年～2024年まで更新！」をもとに阿部作成 https://no-football-no-life.com/2019-new-player-affiliated-team/

び悩むという「18歳問題」があり、これも大学進学によって回避することができます。

Ｊリーグ、特にＪ１のレベルは非常に高いです。どのぐらいレベルが高いかの理解を深めるために、日本代表のデータを見てみましょう。

カタールW杯（２０２２）では、日本代表の17名が高卒でプロになった選手でした。彼らのプロサッカー初年度の出場試合数の平均※を見てみると、意外にも6・8試合にとどまっています。例えば、逸材として知られる久保健英選手ですが、２０１７年11月に16歳でＦＣ東京でデビューし、２０１８年に迎えたプロとしての本格的なシーズンでは、リーグ戦９試合出場（ＦＣ東京で４試合、期限付き移籍先の横浜Ｆ・マリノスで５試合）にとどまっています。フィールドプレーヤーでプロ初年度の試合出場数がいちばん多いのは遠藤航《わたる》選手の34試合ですが、当時湘南ベルマーレはＪ２リーグでした。

また、**ＧＫに関しては川島永嗣《えいじ》選手、権田《ごんだ》修一選手が高卒プロですが、1年目のリーグ戦出場は0試合です。**これはＧＫというポジションが固定的であり、かつ、年齢が上がってフィジカル要素が落ちても経験値がプレーの質を補完できるという、ポジションの特異性にもよると思います。いかにフィジカルやＧＫスキルの優れる高卒プロでも、プロ10年級のＧＫからいきなりポジションを奪うのは至難の業《わざ》です。

このように、**日本代表レベルの資質を持つ選手でも、高卒プロで即戦力となるのは難しい**現実があります。

※**初年度の出場試合数の平均**
正式にチームとプロ契約を結んだ年を初年度とカウント。プロ契約をしなくてもＪリーグの試合に出場することができる「特別指定」「第２種登録（高校生カテゴリー）」での期間は除く。

大卒プロとピークパフォーマンスの問題

高卒でプロになることにリスクがある一方で、大卒プロが増えるという傾向は、一部のサッカー関係者が危惧《きぐ》する現象でもあります。

サッカーは、競技レベルが年々高まり、選手の低年齢化が進んでいると言われています。特に欧州5大リーグへの挑戦を視野に入れ、世界のトップレベルの選手として活躍するには、20歳前後で頭角を現す必要があります。**カタールW杯（2022）の選手の平均年齢は27・8歳。これをプロサッカー選手のピークパフォーマンス年齢と仮定するならば、大卒選手はプロサッカーの環境に入ってから5年強でピークに達する必要があります。高卒ならば9年強の時間があります。**

また、同大会においては大卒プロが9名でフランス大会（1998）以来最多でしたが、残りの17名は高卒プロであるため、エリート選手育成の主流は高卒プロであることに変わりはありません。

「高卒プロか大卒プロか？」という問いに絶対的な答えはありません。個々の状況によって最適な選択があると思います。大事なのは、周りの意見を参考にしつつも、立ち止まって、どういうキャリア設計を目指したいのかを自分の感覚できちんと考えることです。

「高卒30歳・初企業勤め」を見据えたネクストキャリア戦略

特に高卒プロを志す場合、ネクストキャリアという視点は必ず考えるべきです。18歳の高卒選手が27歳前後でパフォーマンスのピークを迎え、そしてＪ２、Ｊ３、または日本よりサッカーレベルの低い海外などで、カテゴリーを下げながら30歳前後までプレーを続けるケースを想像してください。実際に、これはプロサッカー選手の典型的なキャリアでもあります。

さて、仮に30歳で現役を引退し、企業への就職を考えたとします。**「高卒30歳・初企業勤め」**人材の誕生です。本人の人間としての魅力や経験値はどうであれ、日本の労働市場においては想定されづらい人材であり、正規ルートでの就職はかなり難しいです。

では「大卒資格の学位を持っていればよいのか？」という話ですが、日本の雇用システムだけを考えるなら、高卒よりも大卒が有利なのは間違いないです。ただ、特に学びたいこともないのに、プロサッカー選手をクビになったときの保険を掛けるためだけに大学に進学するのは、４年という時間を無駄にするだけです。

近年では、プロとしての生活を続けながら大学に通って学位を取るという選択肢も

出てきています。これは「デュアルキャリア※」と呼ばれ、ヨーロッパでは広く普及している考え方です。

例えば、２０１３年に専修大学を卒業後にＪクラブを経由せずドイツへ渡り、１．ＦＣケルンと契約した経歴を持つ長澤和輝選手は、ドイツから帰国後の浦和レッズ在籍中の２０１９年に早稲田大学大学院スポーツ科学研究科に入学し、その後学位を取っています。当時は、大学院に通う異色のＪリーガーとして話題になりました。長澤選手は大卒（専修大学卒）ですが、**実は日本では、大卒の学位を持っていなくても大学院に入学することができます。**「大学院の個別の入学資格審査で認められた22歳以上の人」なら、大学院入試を受験することができるのです。

この制度を、日韓Ｗ杯（２００２）世代の元日本代表選手が数名活用しています。川口能活《よしかつ》さんと福西崇史《たかし》さんは早稲田大学大学院で、中田浩二さんは筑波大学大学院でそれぞれ学位を取得しています。大学は卒業までに概《おおむ》ね4年かかりますが、大学院ならば早ければ1年程度で卒業できます。もちろん、大学側が個別に審査をするので、すべての人に入学機会が与えられるわけではありませんが、**「高卒でも大学院入学という選択肢がある」**というのは、覚えておいてもよいかもしれません。

いずれにせよ、最近ではオンラインや、対面とオンラインのハイブリッドでプログラムを提供している学位もあるので、プロサッカー選手をしながら大学／大学院に通うという選択肢は、以前よりもかなり敷居が低くなりました。大卒／大学院卒の学位

※デュアルキャリア
競技を続けながら大学に通ったり、競技以外の仕事をしたり、現役中から将来を見据えた準備をすること。

は、プロサッカー選手をクビになった場合のリスクヘッジになるので、目の前のプロサッカー選手としてのキャリアにさらに集中できるかもしれません。

「サッカーか、それ以外か」を「サッカーも、それ以外も」へ

エリートパスウェイに乗っていても、プロサッカー選手になれないケースも相当数あります。「あいつがプロになれるの？」と同様に「あいつがプロになれなかったの？」というケースも少なくないわけです。また、競争を勝ち抜いてプロになったとしても、前述のとおり、ネクストキャリアが必ずあります。

日本では、本気でプロを志した場合、「サッカーか、それ以外か」という二者択一を迫られることが多いです。サッカー以外のことをしていると「サッカーに真剣に取り組んでいない」と決めつけられる雰囲気は、いまだにサッカー界に存在すると思います。

しかし、プロサッカー選手になってからの人生、または、なれなかった

高卒プロ／大卒プロのベネフィット＆リスク

	ベネフィット	リスク
高卒プロ	・プロサッカー選手としての厳しい競争環境がいち早く手に入る	・18歳問題（即戦力になりづらい） ・ネクストキャリアにおける「30歳高卒・初企業勤め」問題
大卒プロ	・プレー機会の確保（即戦力になりやすい） ・学位（引退後の就職力）	・プロサッカー選手としてのキャリア年数の短縮 ・プロサッカー選手になれる機会の減少

ときの人生の責任は、誰も取ってくれません。プロサッカー選手を志すならば、「自分の人生は、自分しか本気で考えてくれない」というマインドセットを持ち、どんな進路ならば自分なりに腑《ふ》に落ちるのか、真剣に考える必要があります。

進路について次の質問に答えてみることは、意思決定に役立つかもしれません。

- サッカーを通じて得られる稀有な経験は何か?
- その進路から、サッカーという枠を外したら何が残るか?
- 社会的に見ると、その進路はどんな評価なのか?
- サッカー的には評価されるが、社会的には評価されない進路の場合、どんな自己成長を準備する必要があるのか?

私は高卒でプロサッカー選手になれず、サッカー推薦で大学に進学しました。入学した大学は勉学や就職に強いわけではなかったので、「プロになれなかったらこの4年間で何が残るだろう?」という問いは、否が応でも考えさせられました。そして「この4年間で、サッカー以外で何かひとつ武器を身につけよう」と考え、独学で勉強を始めたのが英語でした。

勉強を始めてみると、学生数が少なく、勉強を一生懸命する学生もそこまで多くない大学だったので、教授の方々のサポートを一身に受けることができました。周りから見れば大学の短所と思われるところが、自分にとってはプラスに作用したのです。また、多くの教授が留学経験者だったため、そのポジティブな影響を受け「自分もいずれは留学したい」という、サッカー以外でやりたいことがぼんやりと見え始めたのもこの時期です。

英語を勉強したことはサッカーにも確実に好影響を与えました。当時、私が所属していたサッカー部には部員が１００名近くおり、その大半がサッカー推薦者でした。多くの選手は「大学でレギュラーを勝ち取る→プロになる」ということ以外はあまり考えていなかったと思います。そんななか「英語を勉強している阿部という選手」は良い意味で浮くことができ、独自のキャラクターを確立することができました。これは別に狙っていたわけではないですが、「キャラクター」は「印象」につながるので、部員の多いチーム内の争いを勝ち抜くのに確実に役立ちました。

４年時にはキャプテンも任されました。キャプテンとして１００名規模の組織を率いた経験は、ものすごく貴重なものでした。なぜなら、就職して数十年経ち、管理職になったとしても、かなりの大企業でない限り、直属の部下が１００名できることはまずあり得ないからです。これは高卒でプロになったならば得られなかったユニークな経験です。

周りから見ると「パッとしない地方の私立大学のサッカー推薦」という進路かもしれませんが、大学４年間の経験値は今の私を支える土台です。そして大学時代に頑張った英語が、現在のグローバルなキャリアでも活きています。

指導のあり方は「選手中心」「人としての成長重視」へ

選手がプロになれるか、仮にプロになれたとして、どんなプロ生活、そしてネクストキャリアを歩むかはあくまで自己責任ですが、指導者が選手の人生観に何らかの影響を与えることは避けられません。なぜならば、10〜20代の個々のキャリア観が形成される時期に、指導者はかなり長い時間を選手と過ごし、そこには上下関係も存在するからです。プロを目指す選手は、例外なくサッカーに対して大きなコミットメントを求められます。これによって、選手はサッカーのこと以外を考えられなくなり、社会性を喪失するというリスクにつながります。そんななか、指導者はサッカー選手と社会をつなぐ貴重な存在です。

日本では指導者ライセンス制度が1970年にスタートしており、世界的にもかなり整備されています。また**近年では、育成方法も「一方的に教える」のではなく、「選手がみずからの力で課題の解決方法を見出せるように導く（Guided Discovery）」かたちに変わってきています。**これは選手を中心に考え自主性を育む、選手中心（Player Centered）のコーチング方法です。Jリーグも「世界で最も人が育つリーグ」をビジョンのひとつに掲げており、サッカーを通じた個の成長は大きなテーマになっています。**「人としての成長＝競技力の向上」という解釈は、サッカー界だけではなく、スポーツ界全体で起きているトレンドです。**例えば日本の国立スポーツ科学センターのモデルとなったオーストラリアスポーツ研究所（ＡＩＳ）※では、「ベストパーソンがベストパフォーマンスを生む」という価値観を醸成し、アスリートを包括的に教育していく取り組みを１９９０年代から実施しています。その他イギリスやアメリカなどスポーツ先進国でも、何らかのかたちで人間的成長とパフォーマンスをリンクさせる取り組みが実施されています。

一方で、過去の経験や権威、ときには暴力を用いて一方的に選手と接する指導者も、サッカー界に限らずですが、いまだに存在します。

２０１３年に取りまとめられた、スポーツ指導者の資質能力向上のための有識者会議（タスクフォース）報告書では、「日本のスポーツ界では、暴力が一種の指導方法として認識され、試合や競争で勝ち、個人の人格を向上させるためには不可欠だと受け止められてきた節がある」という、日本スポーツ界における暴力と勝利至上主義に関する記述があります。また、２０２０年東京オリンピック・パラリンピックの直前に人権団体ヒューマン・ライツ・ウォッチが公表した報告書にも、バットや竹刀で殴《なぐ》る、顔をビンタするなどの直接的な暴力指導の事例や、暴言、過度な水分補給の制限、罰としての坊主頭など、間接的な暴力指導の事例も取り上げられています。

※**ＡＩＳ**
Australian Institute of Sport

確かに、私が学生年代だった1990年代後半〜2000年代前半を振り返っても、直接的な暴力はさすがに許されないという風潮はありましたが、試合に負けたり怠慢なプレーに課せられる罰走ぐらいは当たり前に受け入れられていたと思います。

「社会のことはわかりません」という選手をなくすために

ここでは、選手のキャリアという視点から、一方的な指導方法や勝利至上主義がなぜ問題なのかを考えてみます。

選手の中には、**「自分はサッカーしかやってこなかったので……」**と口にする人が数多くいます。この後に続く言葉を補足するならば**「社会のことはわかりません」**といった内容だと思います。これは、自分の育ってきたサッカーという社会が、一般的な社会と異なると自覚しているからです。

指導者がつくり出すチームは、サッカー選手にとっていちばん身近な社会になります。もしその社会が、勝利至上主義に基づく一方的な押しつけや暴力で支配されている場合、「生きていくとはこういうものなのか。これが社会では当たり前なんだ」というかたちで選手にインストールされていきます。そして、そんな環境下で育った選手がネクストキャリアでコーチになった場合は、同じような指導方法を取り、「負の再生産」が起こるわけです。

また、サッカー界以外でのネクストキャリアを模索する場合は、自分が今まで見てきた社会と外の世界とのギャップを目の当たりにし、「社会のことはわかりません」という「社会性の喪失」を引き起こします。

誤解を避けるために述べますが、私はサッカーをはじめとするスポーツにおいて勝ちにこだわることは非常に重要だと考えています。その手段が非社会的、非科学的であるところが問題なのです。

先に紹介した「スポーツ指導者の資質能力向上のための有識者会議報告書」の中では、「哲学や倫理、内発的動機づけ、言語的・非言語的なコミュニケーション能力、リスクマネジメント、競技者の長期的なスポーツキャリアを視野に入れたコーチング」など、一見スポーツ指導にそこまで関係がなさそうなスキルが指導者に必要な資質として挙げられています。

繰り返しになりますが、選手のキャリアの責任は、基本的には選手自身にあります。そして現状を変えるには「外部環境を言い訳にしない」「まず自分が変わる」というインサイドアウト（内から外へ）な考え方が基本です。しかし、指導者をはじめとする「選手の周りの人たちの自覚」も、特に育成年代の選手がキャリア観を育むためには欠かせないのです。

キャリアを考えるチェックシート

進路を決めるときの分析① ――自分自身に関して（内部要因）

□ プロに挑戦するだけの覚悟とレジリエンス（困難を乗り越える力）はあるか？

□ どのレベルのプロサッカー選手になりたいか？（世界トップレベル／J1／J2／J3／JFL／地域リーグ……etc）

□ どのパスウェイでプロを目指したいか？

□ 高校でプロになれる実力があるにもかかわらず大学に進学する場合、その選択に求めるものは何か？　進学先でサッカー以外に心から興味を持って取り組めることは何か？

□ 自身のサッカー選手としての武器／改善点（テクニック、フィジカル、メンタル、戦術面……etc）は何か？

□ 自分のポジションやプレースタイルを鑑みて、何歳ぐらいでパフォーマンスのピークを迎えそうか？　各年齢でどんな成長・活躍をしたいか？

□ 自分からサッカーを「引き算」したときに、人としての強み・スキルはどんなものがあるか？　サッカーがない自分は、学校や社会でどんな存在か？

□ 引退後、社会的に評価されづらい進路の場合（例：高卒30歳・初企業勤め）、現役中からどんな自己成長を準備する必要があるか？

進路を決めるときの分析② ――自分の周りにあるサッカー環境（外部要因）

▼現在の所属チームには、

□ どんな自己成長の環境があるか？　そこからどんな進路が選択可能か？

□ Jクラブや海外サッカーに強いコネクションを持つ人が周りにいるか？

▼加入可能なチームがあるならば、

□ 同じポジションにどんな選手がいるか？

□ ロールモデルとなる選手はいるか？

□ 試合に絡める可能性はあるか？　どの段階で試合に絡めそうか？

□ チームに育成方針はあるか？　それはどんなものか？　サッカー以外に自己成長／人間的成長を促す環境はあるか？

□ 財政面、フロント体制などを鑑みて、長期的に関係性を保っていけるクラブか？

第3章

プロサッカー選手の理想と現実

「一攫千金」をイメージするプロサッカー選手。ですが、一生分の稼ぎを手にする選手はトップ中のトップに限られ、収入や上を目指す難しさの実態は甘いものではありません。

現役中の生活や引退後の稼ぎも見据えて、上を目指しながらも考えるべきことは何か？　さまざまなデータや事例から、契約や収入のリアルを見つめ、納得のキャリアを歩むためのポイントをおさえていきましょう。

W杯選手に選ばれるのはJリーガーの何%?

プロサッカーのリアルにいる選手は、J3、JFL、地域リーグなどの下部でキャリアをスタートして、そこから上を目指すパターンが多いと思います。上を目指すとは、今よりも上のリーグでプレーすることであり、その頂点の目標とされるのが欧州5大リーグや日本代表ではないでしょうか。そして**上を目指す競争は、プロサッカー選手の裾野が広がったため、ますます激化**しています。ここではその競争の激しさをカタールW杯（2022）選手のプロフィールを参考にしながら考えていきます。

同大会の日本代表26名のパスウェイは次のとおりです。

- 19名（73・1%）がドイツ、スペイン、イングランド、フランス、ポルトガル、ベルギー、スコットランドのいずれかの国でプレー（メディアなどではよく「海外組」と言われますが、実際は「欧州組」と言ったほうが正しいです）。
- 17名（65・4%）が高卒プロで、残り9名（34・6%）は大卒プロ（いずれも全日本大学選抜の経験者）。
- 23名（88・5%）がJ1でプロサッカー選手のキャリアをスタートさせ、プロ3年目までに平均してリーグ戦54試合に出場。
- 14名（53・8%）が年代別の代表経験者。

これらの事実をもとにどうすれば日本代表レベルの選手になれるかを考えると、ユース年代から将来的なタレントがあると見出される必要があり（年代別代表経験）、そのためにはＪクラブの下部組織、またはサッカー強豪校でひときわ輝く必要があります。そして、高卒でＪ１クラブのプロになり、３年以内にレギュラーの座を奪い取り、スタメンで定期的に試合に出られる状況を勝ち取り、海外ビッグクラブへの移籍を果たす必要があります。高卒でプロになれなかった場合は、大学に進学し、そこで結果を出し全日本大学選抜に必ず入り、Ｊクラブで即戦力となり海外ビッグクラブへの移籍を果たす必要があります。日本代表レベルの平均的なプロフィールを考えるだけで、それがどれだけ狭き門なのか理解できると思います。

日本代表レベルの選手になるのはほんのひと握りですが、プロサッカーのリアルにいる選手でも、いつかのブレイクスルーを信じて高みを目指している人は多いと思います。私のことを振り返っても、当時25歳でＪＦＬでプロとしてプレー

カタールW杯（2022）日本代表選手26名のパスウェイ

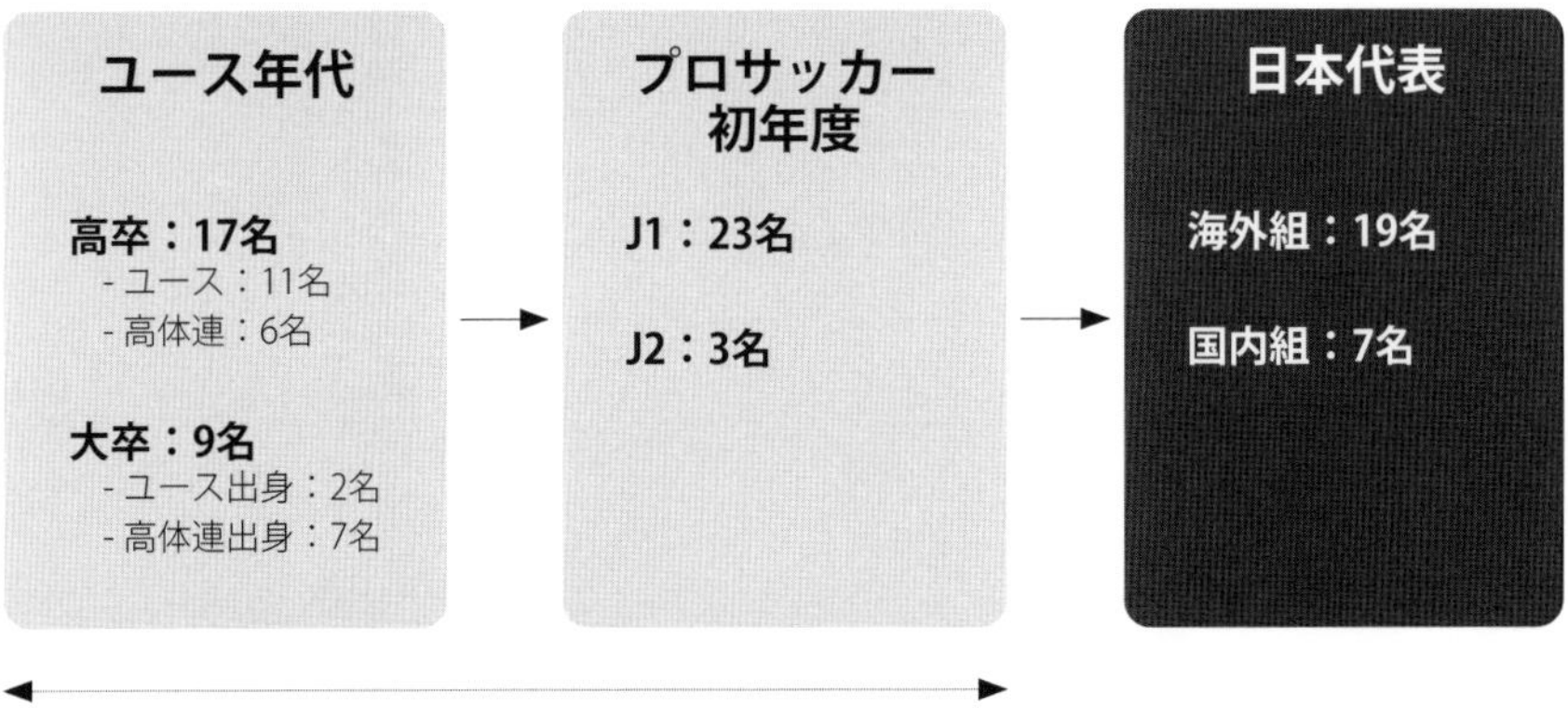

・大卒プロは全員が全日本大学選抜経験者
・年代別代表経験者：14名
・プロ3年目までの平均出場数：54試合

※日本サッカー協会およびウィキペディアの情報をもとに阿部作成
https://www.jfa.jp/samuraiblue/squad2022/

していたときも、完全に上を目指すことを諦めていたわけではありませんでした。「3部リーグの選手が何を考えているんだ？　身のほど知らず」と思われるかもしれないですが、**ジェイミー・ヴァーディ選手は工場で働きながらプレーし、23歳でイングランド7部リーグからスタートし、26歳で当時2部のレスター・シティFCに移籍し、29歳でプレミアリーグ優勝を果たしており、ロシアW杯（２０１８）ではイングランド代表としてプレーしています。**「誰かができるならば、不可能ではないだろう」そんな気持ちを持っているプロサッカーのリアルにいる選手は数多くいるはずです。

　上を目指し続ける意志はとても重要です。一方で、プロサッカーのリアルにいる下部リーグの多くの選手が、理想と現実のギャップに直面しながらサッカーを続けます。どこまで諦めずにやるべきか。自分を信じてプレーを続けられるうちはいいですが、もし自分が日本代表レベルの選手になれないと悟ってしまったとき、上を目指す限界を知ったときに、サッカーを続ける意味はあるのでしょうか。もしこの問いに対して「ノー」という答えを出すならば、ほとんどのプロサッカー選手は無意味にサッカーをしていることになってしまいます。

　２０２３年にJリーグでプレーする選手は１８５８名、カタールW杯（２０２２）に選ばれた選手は26名です。そのうちJリーグでプレーする選手は7名のみでした。つまり**Jリーグでプレーする選手の２５０人に１人程度（０・４％弱）しかW杯出場は叶わないのが現実**です。では、その他の１８５１名の選手たちは負け組なのか。プロになってサッカーを続けるならば、一度は「キャリア」という視点でサッカーをする理由を考える必要があります。

納得のキャリアを歩むための４つの要素

ここで本書なりにキャリアに関する定義をしておきます。

人の価値観は異なりますが、『IKIGAI』という本で使われているダイアグラムを参考に、**「やりたいこと」「得意なこと」「稼げること」「社会が求めること」の４つの要素がそろった状態を「納得度の高いキャリア」と定義**します。ちなみに『IKIGAI』は、２０１７年にスペイン人のエクトル・ガルシア氏とフランセスク・ミラージェス氏が日本語の「生きがい」というワードに着目し、その意味を探究・解説し世界的ベストセラーになった本です。

一般的な大学生の就職活動を考えると、自分の興味のある仕事を探してエントリーしますが、「やりたいこと」「得意なこと」「稼げること」「社会が求めること」はほぼ未知なながで就職を決めていくことが多いと思います。そして実際に仕事を始めてから、自分が選んだ職業に対して理解が深まり、自分なりに腑に落ちてくるケースがほとんどではないでしょうか。

一方プロサッカー選手は、プロサッカーのリアルにいる選手だとしても、高校／ユースや大学ではチームの中心選手であるケースが多いです。サッカーが好きで（やりたいこと）、それ故《ゆえ》に研鑽《けんさん》した能力があり（得意なこと）、それが周りから評価される（社会が求めること）――そこにプロサッカー選手として稼げる機会があるならば、これは既に納得度の高いキャリアを達成しているわけです。20代前半で既にこの状態はかなり稀《まれ》だと思います。

しかし、**たとえ納得度が高い状態からキャリアをスタートしても、自分の得意なサッカーが通用しない、チームや監督から評価されず試合に出られない、契約金額が低いなどの壁は、プロのキャリアを歩んでいく上でほぼ必ず直面します。**そうなったとき「自分は大した選手になれず、実績も残せないかもしれない……」という考えが頭をよぎるかもしれません。

そのとき、**この図のフレームワークの中で軸となるのが「やりたいこと」**です。単純に上を目指すサッ

納得度の高いキャリアを歩むための4つの要素

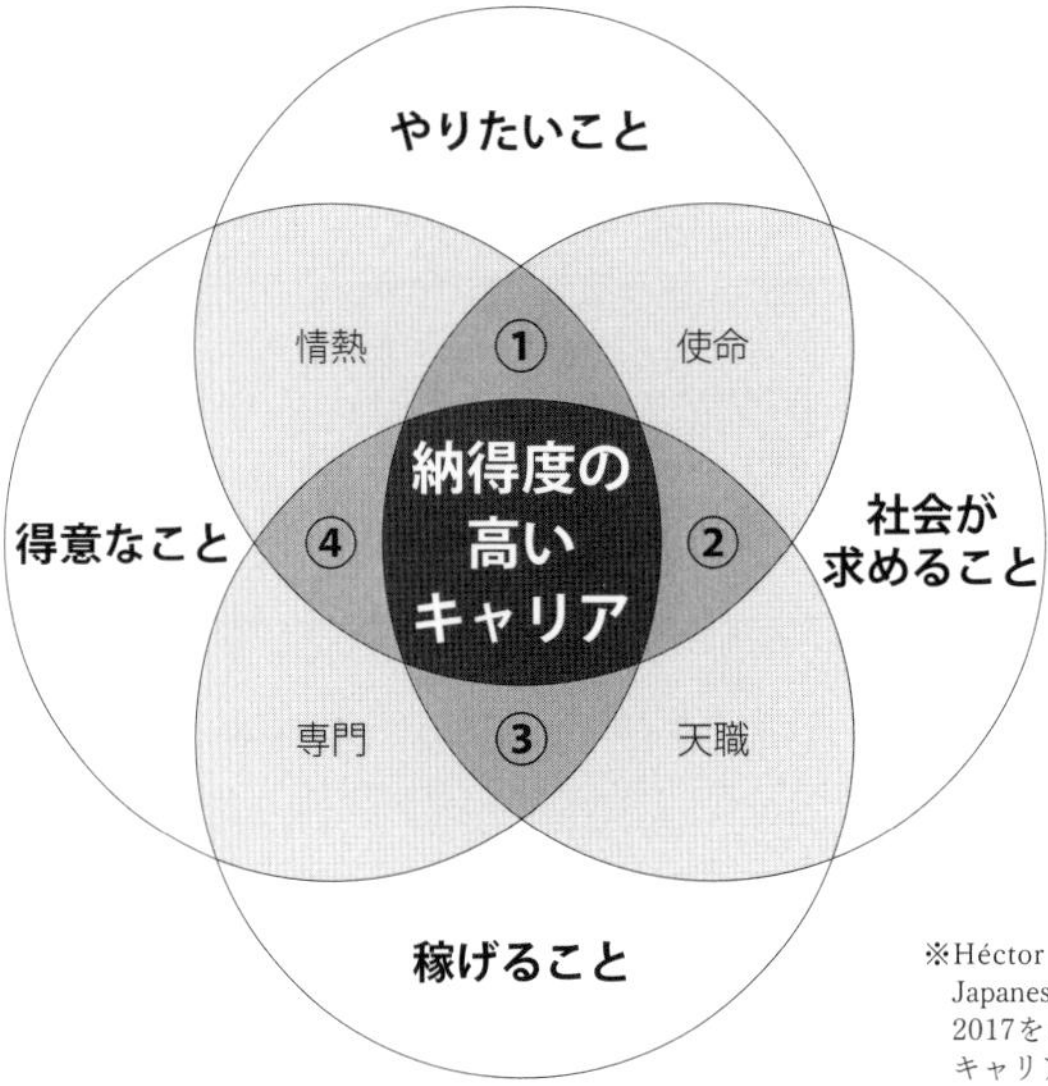

①充実度は高いが、稼げない

②やりがいはあるが、プロとしての不安がある

③生きていくには十分だが、空虚感がある

④満足度は高いが、役に立っていないジレンマがある

※Héctor García and Francesc Miralles, "IKIGAI: The Japanese Secret to a Long and Happy Life," Hutchinson, 2017をもとに阿部翻訳・作成（中央の「納得度の高いキャリア」部分は本書の文脈に合わせて改変）

カーでは、やりたいことのゴール設定は自動的に「今の場所でできるだけ活躍する↓より高いリーグに個人あるいはチームが昇格する↓日本代表レベルの選手になりW杯などの国際大会で活躍する」に限定されてしまいます。

日本代表になりW杯で活躍するといったスケールの大きなゴールを据えた場合、そのゴールを達成するための「方法（How）」のほうに大きな挑戦があるため、その「理由（Why）」を深く考える機会がなくなりがちです。

「サッカーの何が好きなのか」を言語化しよう

そこで思考の整理方法として、**「サッカーの何が好きで、それはなぜなのか」を言語化する**のが有効だと思います。

「得点を取るためにシュート機会を逃さない」「1対1でドリブル勝負を仕掛ける」「意外性のあるパスを供給する」「空中戦は絶対負けない」「チーム内の攻守バランスを考えたポジショニングを取り続ける」など、好きなプレーや得意なプレーは選手によってそれぞれです。また、これらテクニカル／フィジカルな部分以外にも、「時間に自由が利くライフスタイル」「オン&オフシーズンでメリハリのある生活」「勝ち負け・プレーの良し悪しがハッキリわかる成果の明確性」など、プレーそのものではないオフ・ザ・ピッチの部分や、サッカー選手としての気心の持ちようが好きということもあるかもしれません。

ここで、**「なぜそのプレー／スタイルが好きなのか」「それらを通じて身近な他人や社会に伝わること／伝えたいことは何か」**を考えてみるのです。

例えば私のチームメイトに山城純也《やましろ》という選手がいました。山城選手はセレッソ大阪の下部組織から2004年にトップチームに昇格し、プロとしてのキャリアをスタートさせました。当時は「最も小さなJリーガー」として話題になった160㎝に満たない小柄な選手です。ただ、スピードとテクニックは卓越しており、体格に恵まれなくてもプロの世界で勝負できるお手本でした。もちろん、本人もどんな武器を身につければ生き残れるか必死に考え、相当な努力をしたと思います。

山城選手がプレーする姿を見て「自分も諦めなくてもいいんだ！」と思った選手は数多くいると思います。これはとてつもなく価値のあることです。また、手持ちのリソースが限られているなかでも勝負できる術を見つけるというのは、サッカーに限らずさまざまな分野で示唆のある考え方だと思います。

また自分自身のことを振り返ると、プロ生活の「勝負しているヒリヒリした感じ」が好きでした。ベンチ入り18名の当落戦上にいたので、日々の練習でアピールして、登録メンバー入りを勝ち取る必要がありました。またスピード&クイックネスで勝負するタイプのFWだったので、ジョーカー的に途中交代で試合に起用されることが多く「限られた時間でどんなインパクトが残せるか」を自然と考えるようになりました。そしてサッカー選手をクビになったときに、「自分の人生から『上を目指すサッカー』がなくなった後に、プレー以外の要素で何がいちばん恋しいのか?」を考えました。そこから「勝負しているヒリヒリした感じ」「限られた時間でインパクトを残す」などをネクストキャリアでどう体現できるのかを模索するようになります。

単純に「サッカーが好き」という枠を超えて「サッカーの何が好きなのか」「それはなぜなのか」さらに「これまでプロサッカー選手として大事にしてきた価値観で、サッカーをやめた後も連れ添いたいと思うものは何なのか?」を考える――このあたりの思考プロセスを一度でも踏んでいるかどうかは、ネクストキャリアにおいてかなり重要なポイントになります。

そして、**プロサッカー選手としてお金を稼ぐ意味を考えるのも大切**だと思います。職業としてのサッカー選手が成り立つためには、「社会に対しての価値提供↓報酬」という関係性が成り立つ必要があります。しかし多くの選手は、好きでサッカーを始めて、それが周りに認められ、さらに努力して上を目指す――というプロセスの末にプロになるため、「サッカーをするのが好きで、好きなことで稼げて最高!」という以上のことは、正直あまり考えません。

しかし、プロサッカー選手も社会人なので、自分のプレーや選手生活が社会に対してどんな価値提供をしているのか、真剣に考える必要があります。

私がV・ファーレン長崎でプレーしていたときに、懇意にしていたサポーターから「選手だって社会人だから、名刺を持っていたほうがいいよね」と言われたことがあります。確かに一般的な仕事とは違う方法やルーティンで仕事をしているだけで、**「社会に対しての価値提供→報酬」という点では、他の社会人と何ら変わらない**わけですから、「社会人」を意識する機会はもっとあってもいいと思います。そういった意味では、クラブが実施する地域活動には積極的に関わったほうがよいでしょう。これは最終章で詳しく触れますが、ピッチでプレーする以外で、プロサッカー選手として地域のサッカーや文化振興に関わることは、ネクストキャリアの大きな財産になるからです。

ここまで紹介したような思考プロセスを経ると、サッカーで高みを目指すこと以外にもプロサッカー選手としての価値を考えられるようになります。後章で触れますが、早い段階でこうしたキャリア観を持っているか否かで、ネクストキャリアでは大きな差が生まれることが既に事実としてわかっています。

J1リーガーの平均年俸は日本人の平均年収の何倍?

プロサッカーのリアルとして、ここではサッカーで稼いでいく大変さにも触れたいと思います。

２０２３年のサッカー移籍市場ではいくつか大きな話題がありました。例えばブラジル代表ネイマール選手は、フランスのパリ・サンジェルマンからサウジアラビアのアル・ヒラルに移籍しましたが、その待遇は2年契約で成果給（勝利給や個人出来高など）やボーナスなどを合わせると最大1億６０００万ユーロ（約２５４億円※）になると言われています。

日本人選手では、遠藤航選手がこの移籍期間にドイツのＶｆＢシュトゥットガルトからイングランドのリヴァプールＦＣに移籍しました。契約期間は4年間、年俸は約5億円になると言われています。

これらは極端な例ですが、２０２３年のＪ１リーグ選手の平均年俸は３７５５万円です。外国人選手を除いた場合の平均も２５６２万円であり、**日本人の平均給与が４４３万円※なので、日本人Ｊ１リーガーはその6倍近い平均年収がある**ことになります。これはかなり夢のある話です。本当にそんなに稼げるのか、本来、Ｊ3、ＪＦＬ、地域リーグの給料データも分析したいところですが、公開されていないため、本書ではＪ１の日本人選手の分析からプロサッカー選手のお金に関するリアルを推察したいと思います。

※**約２５４億円**
1ユーロ１５８・７円レートで換算（２０２３年8月15日）

※**４４３万円**
厚生労働省の２０２２年国民生活基礎調査より

基本給の「下限なし」も？――日本のプロサッカー選手の「ABC契約」と契約制度の改定

その前に、まずは日本におけるプロサッカー選手の契約形態について理解を深め、プロ契約の厳しさを考えたいと思います。第1章で触れましたが、FIFA規定のプロサッカー選手の定義は次のとおりです。

クラブと書面での契約を結んでいて、フットボールでの収入が実質の支出よりも多いのがプロサッカー選手。それ以外はすべてアマチュア選手。

この規定に基づき、JFAではさらなる詳細を「プロサッカー選手の契約、登録および移籍に関する規則」で規定しています。本書を執筆している2024年現在の契約制度には「プロA契約」～「プロC契約」まで存在するため、一般的に**「ABC契約」**と呼ばれています。1999年に制定されたABC契約ですが、本書の出版直前の2024年9月24日にJリーグから撤廃のビッグニュースが発表されました。しかし、新たな選手契約制度の施行は2026年以降の予定で、執筆時点では不確定要素もいくつかあるため、本書では現行のABC契約についてまず理解を深め、その上で新たな選手契約制度の導入の影響を考察したいと思います。

ＡＢＣ契約の現状

執筆時点のＡＢＣ契約には、日本のプロサッカー選手の最長の契約期間（18歳以上は5年）や最短の契約期間、最高／最低報酬に関するルールなどが細かく記載されています。以下の表はＡＢＣ契約の要点をまとめたものです。

まず基本給を見ると、「４６０万円」「６７０万円」という、Ｊ１選手の平均年俸３７５５万円よりも大幅に低い、かなり現実的な金額が明記されていることに気がつきます。さらにプロＣ契約について詳しく見ていくと、日本のプロ契約の厳しい側面が見えてきます。

現行（2024年9月現在）のABC契約の概要

契約種類	各チームの保有人数制限	契約締結条件	基本給	変動報酬
プロA契約	25名以内	・J1：450分 ・J2：900分 ・J3＆JFL：1,350分 またはプロC契約3年経過	・460万円／年以上（上限なし） ・A契約初締結時は670万円／年以下	制限なし
プロB契約	制限なし	・J1：450分 ・J2：900分 ・J3＆JFL：1,350分 またはプロC契約3年経過	460万円／年以下（下限なし）	・制限なし ・出場プレミアムは47,620円／試合以下
プロC契約	制限なし	アマチュア選手または社員選手がプロ契約を締結する場合、必ずプロC契約を締結	460万円／年以下（下限なし）	・出場プレミアム47,620円／試合以下 ・勝利プレミアムのみ設定可
アマチュア契約	-	-	-	-

※報酬または利益を目的とすることなくプレーする選手

※日本サッカー協会「プロサッカー選手の契約、登録および移籍に関する規則」をもとに阿部作成
https://www.jfa.jp/documents/pdf/basic/br20.pdf

プロサッカーのリアルにいる選手は、ほぼ例外なくプロＣ契約から始まります。「年俸上限４６０万円＋勝利給／出場給」という契約です。月額に換算すると40万円弱という数字は、高卒／大卒にしてはかなりの給料と思うかもしれませんが、すべての選手が上限額をもらえるわけではありません。

また、**プロC契約には下限設定がされておらず、理論上、基本給ゼロでの契約（0円プロC契約）が可能**です。ちなみにプロＢ契約も特に下限設定はされていません。そのため、下部カテゴリーの新卒選手を中心に、一般的な新卒会社員の給与を大幅に下回る契約を強いられるケースもあります。

２０１８年には、40歳でプロサッカー選手（プロＣ契約）になった安彦考真《あびこたかまさ》選手が話題になりました。その契約内容は「月収1円／10か月契約」だったと公表されています。Ｂ／Ｃ契約と違い、Ａ契約では最低年俸が４６０万円と定められていますが、この最低年俸の問題は以前から指摘されており、最近では日本プロサッカー選手会（以下、ＪＰＦＡ※）の吉田麻也《まや》会長も言及し、契約制度の改定に大きな貢献を果たしました。

「そもそも、０円プロＣ契約では、先に述べたＦＩＦＡ定義のプロサッカー選手の基準を満たせないのでは？」と思うかもしれません。ですが、**多くのプロサッカー選手には出場給や勝利給があります。**

例えば、クラブが提供する食事付きの寮に住んで、１試合あたりの出場給３万円、

※**ＪＰＦＡ**
Japan Pro-Footballers Association
5章で詳述。

勝利給３万円であれば、ＦＩＦＡ定義を満たせるかもしれません。つまり、本人の頑張りと日々の倹約次第というグレーな状況があるのです。

当時の私の周りの選手の状況を考えると、Ｊ１クラブからレンタル移籍で下部リーグに移った選手の契約は、月給で20万~30万円でした。本書のインタビューで取り上げている星野圭佑《けいすけ》選手の事例（91ページ）からは、プロサッカーのリアルで稼ぐことの大変さを垣間見ることができると思います。

そして、プロC契約についてもうひとつ述べておきたいのが、この契約は３年間しか結べないという条件です。

C契約の選手は3年以内に規定の出場時間数を満たし、A契約またはB契約をクラブと結ばなければなりません。Ａ／Ｂ契約ともに、規定の出場時間数はＪ１で５試合分の４５０分、Ｊ２で10試合分の９００分、Ｊ３＆ＪＦＬだと15試合分の１３５０分となっています。これはチームの主力選手になれば1年以下で達成できる出場時間数ですが、逆に言えば、３年以内に試合にコンスタントに出られるようにならなければ、戦力外となる可能性が高いです。残酷な現実として、**プロ契約を結んでも一試合も出場しないでチームを去っていく選手も一定数います。**

ちなみに、Ａ／Ｂ契約の出場時間数の規定は同じですが、既に述べたようにＢ契約は金銭条件的にはC契約と変わりがなく「４６０万円以下」です。また、本人がA契約の条件を満たしていても、執筆時点のＪ１リーグでは「1チームにA契約選手が15名いればいい」と決まっているので、それに漏れた選手はB契約となる可能性もあります。

仮に、出場機会を掴みチームとプロA契約を結んだとします。それでも初年度の基本給は「460万円以上、670万円以下」という決まりがあります。一般的な20代の平均年収は300万円台というデータがあるので、それと比べると高い年俸ですが、一攫千金《いっかく》的なイメージがあるプロサッカー選手の年俸としてはかなり低く感じます。さらに、これまでの日本の正社員は基本的に終身雇用が前提で福利厚生も手厚いですが、**プロサッカー選手の多くは単年契約の個人事業主**というリスクもあります。

このように、ABC契約規定を紐解《ひも》くと、プロ契約の厳しい側面が見えてきます。ちなみに私もジリ貧のC契約で、厳しい契約内容でした。ただ、不思議と悲壮感のようなものはありませんでした。自分の実力が足りないことはよくわかっていましたし、何よりもサッカーをして1円でも稼いでいるという事実が誇らしかったです。そのおかげかわかりませんが、**「お金を稼ぎたいだけなら、とっくに他の仕事を探している」**というマインドセットを常に持つことができ、プロサッカー選手だからこそ得られる経験を積むことに集中できたと思います。このあたりは第6章でより深く触れたいと思います。

２０２６シーズン施行予定の新制度

ＡＢＣ契約の厳しさはここまで述べたとおりですが、ここからは２０２６年以降「新たな選手契約制度」の導入で何が起こり得るか、私なりに考察したいと思います。

新たな選手契約制度では多くの変更（以下の比較表参照）が提示されていますが、**「基本報酬の下限の設定」「プロ選手の最小登録人数の設定」「基本報酬の上限引き上げ」**の３つが特に大きな影響を持つと私は考えており、このパートではそこにフォーカスして語ってみます。

まずは「基本報酬の下限設定」に

選手契約制度改定前後の比較

項目	改定前	改定後
登録区分	プロA、プロB、プロC、アマチュア	プロ、アマチュア
基本報酬の下限	**下限なし** （0円での契約も可能）	（年額） **J1：480万円** **J2：360万円** **J3：240万円**
プロ契約初年度の基本報酬の上限	**プロC：年額460万円**	**年額1,200万円**
プロ選手の最小登録人数	**J1：20名以上**（うちプロA15名） **J2：プロA5名** **J3：プロ契約選手3名**	**各クラブ20名**
変動報酬上限	プロB／プロC： 1試合あたり47,620円 ※プロCは勝利給の上限ルールあり	同クラブ内で 基本報酬が同等の選手と 同水準を上限に設定
支度金	380万円〜500万円 （独身／既婚、扶養の有無に基づいて上限金額を設定）	全選手一律で上限500万円

※Jリーグ公式サイト「選手契約制度の改定について」をもとに阿部作成 https://www.jleague.jp/news/article/28943

ついてです。

これは「最低賃金」の導入と言えますが、経済学の通説では、最低賃金の導入は「雇用を減少させる」と考えられています。つまり今回で言えば、プロサッカー選手数の減少です。

「J1：480万円」「J2：360万円」「J3：240万円」という最低年収の設定なので、**日本のプロは最低でも240万円の年収が保証される**ことになります。これはクラブ側から見れば、「ひとりの選手を雇用するのに最低240万円を支払わなければならない」ということです。そのため、**これまで将来のブレイクスルーを信じて240万円「以下」のC契約で獲得されていた選手は、プロとして雇用されづらくなる可能性**があるのです。

とはいえ、そのような選手にも海外やJFL以下の国内リーグでプロに挑戦する機会が引き続きあることは、第1章で解説したとおりです。

さらには、240万円の年収が保証されたことで、プロになる道を選ぶ選手が増加する可能性も考えられます。**これまで金銭的リスクを理由にプロへの道を断念していた高校／大学生がプロとしてJリーグで勝負する進路を選ぶ、という雇用促進効果**も期待されるからです。

また、先ほどの雇用減少理論では「これまで240万円以下のC契約で勝負していた選手は、日本ではプロとして雇用されづらくなる」のですが、現実的にはそのような選手の中には、２４０万円以上の契約を勝ち取る選手も出てくると思います。その理由は、**特にクラブ側の給与決定権が強かった下部リーグにおいて、今回の改定は搾取《さくしゅ》防止効果になり得る**からです。少し専門的になりますが説明したいと思います。

Ｊリーグで一定年数をプレーし実績がある選手であれば、選手側にも交渉力があります。数年プレーしている選手ならば、だいたいどの程度の活躍が期待できるというデータが公にシェアされており、それに基づき給与が提示されます。そのため、「あのチームのA選手は、出場試合数、得点数も自分とだいたい同じで年収２０００万円なのだから、自分も同等の給与をもらうべき」という主張ができるわけです。経済学的に言えば、自由競争に近い市場原理で適正給与（需要と供給の均衡点）が決定されるのです。

一方で、実績（データ）がない選手は比較対象がないので、給与の決定権がクラブ側に独占されがちです。独占的に給与を決定できるならば、ロジカルに考えれば適正よりも低めの給与設定がおこなわれます。これは一般的には「やりがい搾取」と言われたりもしますが、独占市場ではごく当たり前の挙動であり、必ずしもクラブ側に非があるというわけではありません。ここに新制度が導入され下限が設定されることで、これまで２４０万円以上の価値があるにもかかわらずそれ以下の契約を強いられてきた選手の再評価がおこなわれ、新たに２４０万円以上の契約を結ぶというケースが出てくるはずです。

これらの可能性を鑑《かんが》みると、最低賃金の導入＝雇用減少（プロサッカー選手数の減少）には必ずしもならないと私は思います。さらに今回Ｊリーグは、各クラブが保有するプロ選手の最低人数を20名にするという規定を提案しています。これには**「日本で１２００名（60クラブ×20名）以上のプロサッカー選手の雇用を保証する」**という意味合いもあると思います。

では、その「プロ契約20名の規定」についてはどんな影響が考えられるでしょうか。

クラブ側の視点で考えてみると、20名のプロ選手を抱える財政力が要求されます。**最低でも４８００万円（２４０万円×20名）の選手人件費がなければ、プロサッカークラブを経営できなくなります。**そのため本制度の施行により、Ｊリーグ退会を選択するクラブも出てくるかもしれません。

その一方で、Ｊリーグ参入を目指すクラブはいまだに数多くあり、２０２５シーズンではＪ３ライセンスを発行されたクラブが7チームもあります。そのため、**退会クラブが出てきても、財政力を持った新クラブが一定程度は新規参入するサイクルが期待できる**ので、選手数の増減には大きな影響はないと私は考えます。

ただ、クラブ側の「この選手をちょっと試してみよう」というトライアルのコストが上がります。そのため、選手にとってはＪリーグ選手になるハードルは上がるかもしれません。同時に、クラブの強化担当の重要性が増し、選手給与の決定メカニズムの可視化など、今まで以上に専門性が求められるようになるはずです。

最後に「基本報酬の上限引き上げ（１２００万円）」について触れたいと思います。

初年度から１２００万円の契約に値する選手は、高校／大学のスター選手だと想定できます。例えば福田師王《しおう》選手（神村学園高校→ボルシアＭＧ）のように、Ｊリーグを経由せず海外に挑戦するケースも出てきており、**Ｊリーグが上限額を１２００万円に上げた目的は、海外クラブとの選手獲得競争**だと考えられます。

しかしこれらのスター選手は、将来的には億単位を稼ぐポテンシャルを持ち、より競争力の高い海外強豪リーグで揉《も》まれる経験を最優先するはずです。そうなると１２００万円という額はそこまで海外流出への抑止力にはならないと思います。

ただ既に述べたとおり、プロサッカーの競争は激しく、将来を嘱望《しょくぼう》される選手でも数年の修業期間がほぼ例外なく必要です。その修業の場としてのＪリーグで、初年度から１２００万円をもらえる環境が整備されたのはポジティブなことだと思います。

J3（2025シーズン）クラブライセンス交付クラブ
ラインメール青森
栃木シティフットボールクラブ
クリアソン新宿
ヴィアティン三重
レイラック滋賀
高知ユナイテッドSC
ヴェルスパ大分

※Jリーグ公式サイト「2025シーズンJ3クラブライセンス判定結果について（J3入会を希望するクラブ）」をもとに阿部作成
https://www.jleague.jp/news/article/28942

ここまで色々考察しましたが、新選手契約制度はJリーグの実力主義をより強化し、魅力的なリーグにする可能性があります。「新制度がプロサッカー選手になる敷居を高くする」という見方もありますが、どちらかと言えば、特にJ2／J3の選手の正当な評価を後押しするという意味合いのほうが強いと個人的には考えます。

同時に、下限報酬が導入されABC契約から改善されたとはいえ、「J1：480万円（月40万円）」「J2：360万円（月30万円）」「J3：240万円（月20万円）」というのは依然としてかなりシビアな給与であり、さらに単年契約が大半であることを考えると、**金銭面のリスクやネクストキャリアを考える必要性は新制度の導入後も変わらない**と思います。

Jリーガーの年収を読み解く

ABC契約の厳しい側面に触れましたが、それでも**2023年のJ1リーグ選手の平均年俸は3755万円です。これは日本人の所得トップ1％以内に入ります。**「ABC契約の弊害は色々あるものの、J1まで行けば結局はかなり稼げる」という結論になるのか、もう少し検証していきたいと思います。

２０２３年のＪ１リーグ選手の平均年俸は３７５５万円ですが、「Ｊ１の普通のプロサッカー選手」が現実的にどの程度稼げるのか考えるためには、平均だけではなく、もう少し深くデータを読み解いていく必要があります。

まずは、**平均年俸３７５５万円には年俸が高くなりがちな外国人選手が含まれている**点に着目します。例えば、２０２３シーズンの途中で移籍してしまいましたが、当時ヴィッセル神戸でプレーしていたイニエスタ選手の年俸は20億円と推定されており、他にＣ契約の基本給０円の選手がいたとしても、「(20億円＋０円)÷２」で単純に平均を求めてしまうと平均年俸は10億円ということになってしまいます。

ここでは日本人のプロサッカー選手がいくら稼げるかの実態が知りたいので、**外国人選手を外して、日本人選手のみで計算する必要があります。そうすると、平均年俸は「２５６２万円」に引き下がります。**ちなみに外国人選手のみの平均年俸は１億２８９万円なので、やはり平均をかなり吊《つ》り上げていることが確認できます。

J1リーグの外国人／日本人選手の年俸（2023年）

データ	全体（n=570）	外国人（n=88）	日本人（n=482）
最大値	20億円	20億円	3億5,000万円
最小値	380万円	420万円	380万円
平均値	3,755万円	**1億289万円**	**2,562万円**
中央値	2,475万円	7,750万円	2,200万円
最頻値	460万円	1億円	460万円

※年収ガイド「Jリーガー、サッカー選手の年収・年俸【海外・J1・J2・J3】」をもとに阿部作成
https://www.nenshuu.net/magazine/pages.php?pages_id=313

サッカー選手の年俸のように、とび抜けた値（外れ値）を含むデータの場合、データ全体の平均が外れ値により歪《ゆが》んでしまい、適切にデータの真ん中を把握できないことがあります。そのような場合には、中央値（データを順番に並べたときに真ん中にくる値）や最頻値（最も頻繁に出現する値）も参考にします。**J1日本人選手の中央値は2200万円、最頻値は460万円となっています。**

「一生分稼げる選手」はほぼいない？

日本人男性の大学／大学院卒で大企業（従業員1000人以上）で働く人の生涯年収が約3億円※というデータがあります。この額をプロサッカー選手として稼ぐとなると、年俸2200万円だと14年弱、年俸460万円では65年強プレーし続け

J1リーグの日本人選手の年俸（2023年）

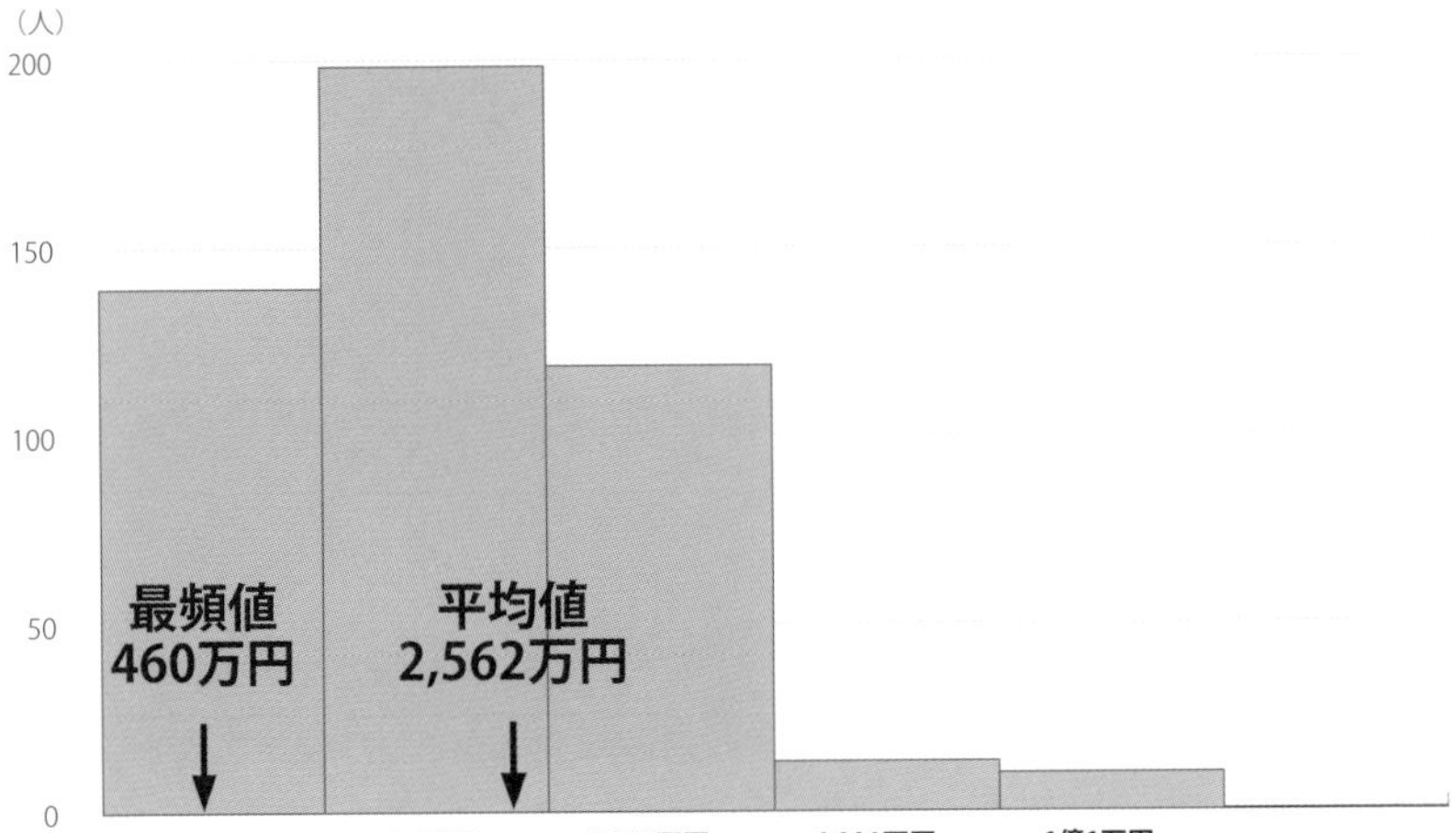

	1,000万円以下	1,001万円～3,000万円	3,001万円～6,000万円	6,001万円～1億円	1億1万円～3億円	3億円以上
■ 人数	139人	198人	119人	14人	11人	1人

※年収ガイド「Jリーガー、サッカー選手の年収・年俸【海外・J1・J2・J3】」をもとに阿部作成
https://www.nenshuu.net/magazine/pages.php?pages_id=313

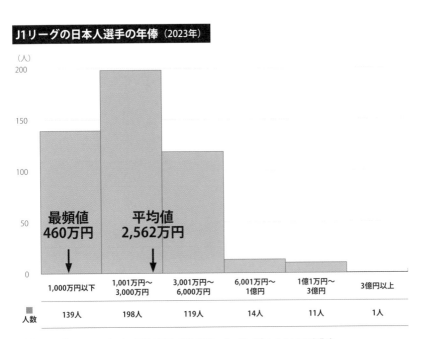

る必要があります。Ｊ２、Ｊ３のデータがないため細かな分析はできませんが、Ｊ２の平均年俸は４００万円程度と言われているため、先ほどの試算はＪ１レベルを想定したものです。Ｊ３にいたっては平均年俸は３００万円程度と言われています。また、Ｊ３には「プロ契約選手の保有人数が３名以上」という規定があるため、プロ選手が３名いればチームとして成立します。つまりプロ契約をしていない選手もＪ３のクラブには存在するのです。

これらの事実を踏まえれば、**「プロサッカー選手として一生分稼げる選手はほぼいない」**と結論づけても極端ではないと思います。つまり、**ほぼすべてのプロサッカー選手が、ネクストキャリアでお金を稼ぐ必要があるのです。**ここから先は、プロサッカー選手のお金に関する若干トリビア的な話もしていきます。

※**約3億円**
ユースフル労働統計2022より。

いちばん稼げるポジションはどこか？

ポジション別に日本人選手の平均年俸を見ていくと、興味深い事実が浮かび上がります。

ＦＷの平均年俸がいちばん高く３１３５万円、ＧＫが１７７８万円でいちばん低いです。一方で、平均年齢はＦＷがいちばん低く25・1歳、ＧＫはいちばん高く28・5歳と

なっています。

これにはさまざまな要因が考えられますが、得点を求められる攻めのポジションでは、「速い」「強い」といったフィジカルや「クリエイティビティ」が重要視される傾向があります。一方で、DFやGKなど守りのポジションではフィジカルも重要視されますが、それにプラス「経験値」がより重要視される傾向があります。

J1の日本人選手全体で31歳以上の選手は約21%しかいませんが、GKだけで見ると約36%を占めており、そこには40歳以上の選手も2人含まれます。また、GKというポジションのスタメン枠はひとつしかありませんが、「控えのGK」は不可欠です。普段のトレーニングパートナーとしての役割も重要視されるので、「控えのGK」は試合に出なくとも、意外と安定的で長くサッカー選手を続けることができる立ち位置と言えるかもしれません。

意外と年功序列な日本人プロサッカー選手

プロサッカーは実力主義という印象がありますが、年齢と年俸

J1リーグの日本人選手のポジション別の年俸・年齢（2023年）

ポジション	人数	平均年齢	31歳以上の選手割合	平均年俸
GK	59人	28.5歳	35.6%	1,778万円
DF	149人	26.2歳	18.8%	2,706万円
MF	197人	26.1歳	20.3%	2,464万円
FW	77人	25.1歳	14.3%	3,135万円

※年収ガイド「Jリーガー、サッカー選手の年収・年俸【海外・J1・J2・J3】」もとに阿部作成
https://www.nenshuu.net/magazine/pages.php?pages_id=313

の相関を見ると意外な事実がわかります。日本人選手の年齢と年俸の相関は０・49であり、正の相関関係にあります。つまり**年齢が上がれば年俸も上がる傾向がある**のです。実際に年代別に選手の平均年俸を見てみると、18〜19歳がいちばん低く４７４万円、36〜40歳がいちばん高く５１８４万円となっています。

　第１章で述べたように、特にＪ１は非常にレベルが高いので、18〜19歳の高卒選手が入団してすぐに主力になるのは至難の業です。ただ、一般的にはサッカーのプレーレベルは26〜30歳がピークだと考えられるので、**日本人選手の年俸には、プレー以外の部分でのチームへの貢献度も加味されていると言えるかもしれません**。ちなみに、外国人選手の年齢と年俸の相関は０・35となっており、日本人選手より弱いです。外国人選手はより実力主義で評価されているのかもしれません。

　Ｊ１日本人選手の年齢別の年俸をざっくり

J1リーグの日本人選手の年代別平均年俸（2023年）

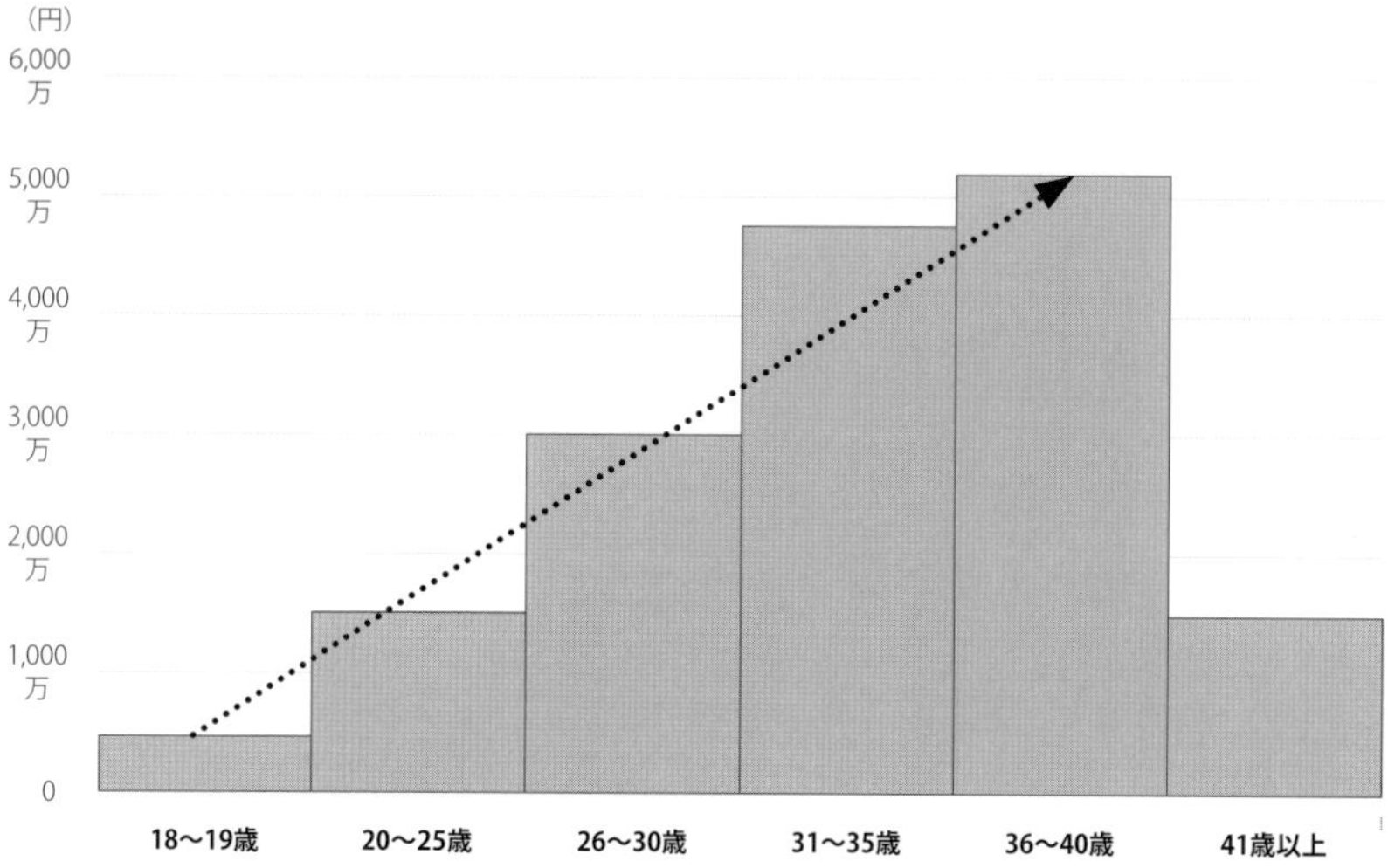

	18〜19歳	20〜25歳	26〜30歳	31〜35歳	36〜40歳	41歳以上
■ 平均年俸	474万円	1,516万円	3,004万円	4,751万円	5,184万円	1,500万円

※年収ガイド「Jリーガー、サッカー選手の年収・年俸【海外・J1・J2・J3】」をもとに阿部作成
https://www.nenshuu.net/magazine/pages.php?pages_id=313

と分類するならば、新人は４７０万円程度、レギュラークラスは１５００万円から３０００万円、チームの顔となる主力やベテランクラスは５０００万円程度となっています。また、**日本人選手で1億円超えプレーヤーは12名で、全員が現日本代表、または過去に日本代表の経験があります。**ちなみに12名というのは日本人選手全体の約２・５％です。**トップオブトップの選手しか「億プレーヤー」になれない**のがよくわかります。

世界におけるJリーグのプレー環境

ここまで、Ｊ1リーグの選手の年俸を分析してきました。平均年俸３７５５万円が自動的に稼げる金額ではないことは理解できたと思います。さらに、０円でのプロC契約や、Ｊ１日本人選手の年俸の最頻値が４６０万円であること、Ｊ２／Ｊ３選手の年俸などを考えると、「日本のプロサッカー選手の環境はひどい」と結論づけたくなるかもしれませんが、実は**世界標準で考えると、Ｊリーグの年俸水準や財務状況はかなりまとも**です。

少し前の数値になりますが、２０１８年度のGLOBAL SPORTS SALARIES SURVEYのデータでは、Ｊリーグ選手（外国人選手も含む）の平均年俸は約３４００万円で世

※**ＦＩＦＡランキング**
２０２４年9月19日発表時点。エリトリアはＦＩＦＡ加盟国だが、ランキング対象外のため、実質２１０か国中16位。

※**ＦＩＦＰＲＯ**
Fédération Internationale des Associations de Footballeurs Professionnels
5章で詳述。

界19位で、スイスやオランダなどと遜色《そんしょく》ないレベルです。日本のＦＩＦＡランキングは２１１か国中16位※なので、サッカーレベルと照らし合わせても納得のいく水準だと言えます。

また、世界66か国の選手会を束ねる国際プロサッカー選手会（以下、ＦＩＦＰＲＯ※）では、マーケットの大きさ、人気、財務状況、ガバナンスなどをもとに、各国リーグが選手にとってどの程度魅力的かレポートを出しています。**２０２１年のレポートでは、日本は上から2番目のカテゴリーBに分類されています。アジアからこのカテゴリーに分類されているのは日本とオーストラリアだけです。**ちなみにカテゴリーAに分類されるのは、欧州5大フットボールリーグの国（イングランド、フランス、ドイツ、イタリア、スペイン）のみです。

特に非強豪国の海外リーグでは、給料の未払いや遅延、不当な解雇などは珍しいことではないという印象が私にはあります。それを考えると、Ｊリーグ

各国リーグの平均年俸（2018年）

順位	国	平均年俸	順位	国	平均年俸
1	イングランド	4億3,067万円	11	サウジアラビア	5,558万円
2	スペイン	3億1,693万円	12	ベルギー	4,409万円
3	イタリア	2億1,885万円	13	メキシコ	4,405万円
4	ドイツ	2億109万円	14	アルゼンチン	4,148万円
5	フランス	1億4,252万円	15	ポルトガル	3,913万円
6	中国	1億1,508万円	16	アメリカ合衆国	3,863万円
7	ロシア	9,598万円	17	スイス	3,546万円
8	トルコ	9,455万円	18	オランダ	3,540万円
9	ブラジル	7,340万円	**19**	**日本**	**3,448万円**
10	カナダ	5,689万円	20	オーストリア	2,551万円

※1ドル109.43円換算（2018年平均レート）
※Sporting Intelligence「GLOBAL SPORTS SALARIES SURVEY 2018」より著者作成 https://globalsportssalaries.com/GSSS%202018.pdf

のサッカー環境は選手にとって十分に魅力的なものであり、ガバナンス、選手の雇用環境ともに世界でも高水準だと言えます。

プロサッカー選手のお金に関して色々な分析と考察をしてきましたが、この章でおさえたいポイントは、**「ほぼすべてのプロサッカー選手は、サッカーで一生分稼ぐことはできない」**という事実です。中層〜下層リーグの選手はなおさらです。議論はされていますが、Ｊリーグには今のところＭＬＢのような年金制度※もありません。

お金はセンシティブなトピックですが、特にプロサッカーのリアルにいる選手は、その現実をきちんと把握しておく必要があります。**ネクストキャリアでどう稼いでいくのか、具体的ではなくとも何らかのアイデアを持っておくことが、限られた現役期間にサッカーに集中する上でも重要**ではないでしょうか。

※ＭＬＢの年金制度
ＭＬＢ（メジャーリーグベースボール）は、アメリカ合衆国とカナダに本拠地を置く球団で構成される、世界最高峰のプロ野球リーグ。満額支給の資格（在籍期間10年以上）があれば、２０００万円強が62歳から死去するまで支払われる生涯年金制度がある。

各国リーグのマーケットとガバナンス

カテゴリー	国・地域	マーケット・ガバナンス
A	イングランド、フランス、ドイツ、イタリア、スペイン	魅力的で安定的なフットボールマーケットがあり、トップレベルのガバナンスと雇用環境が整っている。
B	ポルトガル、スイス、ノルウェー、オランダ、オーストリア、デンマーク、スウェーデン、ベルギー、スコットランド、アメリカ、オーストラリア、**日本**	**安定的なフットボールマーケットがあり、ガバナンスと雇用環境が整っている。**
C	トルコ、ロシア、アルゼンチン、ブラジル、メキシコ、中国	大きなフットボールマーケットはあるが、ガバナンスと雇用環境が完全には整っていない。
D	キプロス、ポーランド、ハンガリー、ギリシャ、クロアチア、セルビア、ウクライナ、ブルガリア、イスラエル、ルーマニア、チリ、ウルグアイ、コロンビア、ペルー、エクアドル、コスタリカ、サウジアラビア、カタール、UAE、イラン、インド、インドネシア、マレーシア、南アフリカ、エジプト	不安定なフットボールマーケット。ガバナンスと雇用環境が整っていない。
E	チェコ、フィンランド、アイルランド、マルタ、スロベニア、ニュージーランド、カナダ、韓国	フットボールマーケットが小さく、最低限の雇用環境しか整っていない。プロフットボールを維持していく上で課題を抱えている。
F	モンテネグロ、北マケドニア、ベネズエラ、パラグアイ、ボリビア、ホンジュラス、グアテマラ、パナマ、アルジェリア、チュニジア、モロッコ、ナイジェリア、コンゴ民主共和国、コートジボワール、ザンビア、ギニア、セネガル、ガーナ、ボツワナ、カメルーン、ガボン、ケニア、ジンバブエ	フットボールマーケットが小さく、ガバナンス、雇用環境ともに整っていない。プロリーグを発展させていく上で課題を抱えている。

※FIFPRO, 2021 SHAPING OUR FUTUREをもとに阿部翻訳・作成
https://fifpro.org/media/xeuncf2s/fifpro-shaping-our-future-report-2021.pdf

キャリアを考えるチェックシート

□ 以下について理解できたか？
- ✓ W杯に出るようなトップオブトップの選手になれる確率
- ✓ ABC契約の内容（基本給の上限／下限、C契約からB／A契約に上がる条件 ......etc）と2026年施行予定の新契約制度の変更点
- ✓ J1リーガーの年収の平均や傾向
- ✓ 世界におけるJリーグのプレー環境
- ✓ ほとんどのサッカー選手は、サッカーで一生分稼ぐことはできない

□ プロサッカー選手として「納得度の高いキャリア」を築くために、
- ✓ サッカーをやりたいと心から思えているか？　惰性で続けていないか？
- ✓ 自分の得意なプレーは通用しているか？
- ✓ きちんと稼げているか？　どれくらい稼げれば満足か？
- ✓ 周りから求められる存在か？　実力だけでなく、プレースタイルや姿勢で評価されている点はあるか？

□ 自分のプレーのこだわりは何か？　そのプレーを通じて周りにどんなことを伝えたいか？

□ プロとして社会に提供している価値は何か？

□ これまで大事にしてきた価値観やプライドで、サッカーをやめた後も大事にしたいと思うものは何か？（誰よりも練習する／大事な局面では必ず勝負する ......etc）

□ サッカー以外の職業で、今と同等または今以上に稼げる力や機会はあるか？　それでもサッカーで生きていきたい理由／サッカーに対して求めていることは何か？

スタートは「0円契約」、プロサッカー選手のお金とやりがいのリアル

Keisuke Hoshino

星野圭佑（38）

Jリーガーの契約（2024年時点）には3種類ある。その中には、年俸の〝下限〟がない契約内容も。星野圭佑は、プロ1年目は報酬「0円」で契約した。2年目で年俸200万円超の選手になった後、JFL、欧州リーグ、そして地域リーグと、環境を変えてサッカーを続けた。34歳で引退し、現在はM&Aをサポートする会社でコンサルタントとしてキャリアを築いている。明るみに出ることが少ないプロサッカー選手の給与事情と、当時の実生活について聞いた。（取材日：2023年10月11日／写真：筆者撮影）

「贅沢をしなければ、なんとかやっていけた」

やれるだけやって、それでもダメならサッカーをやめよう。

大学4年生の冬、身が入らない就職活動の合間に星野圭佑はJ2クラブチームのトライアウトを受けていた。そのひとつ、水戸ホーリーホックから電話があったのはクリスマスの頃だった。よく事情がわからないが、とりあえず「一度来てほしい」という依頼のもと、北海道から水戸へ足を運んだ。

練習生候補として呼ばれたと思いきや、「プロ選手として」のC契約の打診だった。Jリーガーには「A」「B」「C」の3種類の契約がある（2024年現在）。C契約では、年俸の上限は480万円である一方、下限はない。提示されたのは「年俸0円」だった。それでも、Jリーガーになれることの嬉しさが上回った。

2月のリーグ開幕に向けて、1月から新チームが本格稼働する。大学在学中からチーム練習に参加した。毎月決まった給与はなかったが、衣食住には困らなかった。ユニフォームや練習着などの備品は支給され、朝食と夕食付きの寮生活の費用もクラブ持ちだったからだ。当時の収入源は主に二つだった。

ひとつはサッカースクールの手伝いや地元でのイベント参加による謝礼。2時間で1500円昼食付き、といった程度だったが、「当時の自分にとっては大事な臨時収入だった」という。

もうひとつは、「勝利給」や「出場給」だ。1年目はスタメンではなかったが、星野のポジションのセンターバック（DF）は、出場したらフルタイムで出ることが多かった。ホーム試合では5万円、アウェイ試合では3万円の報酬が、どれだけ生活を助けたか。

「贅沢をしなければ、なんとかやっていけました。プロ1年目は、今までの人生の中でいちばん頑張った1年間でした。すべてさらけ出して、出場できるためだったら何でもする気持ちでやっていました。コミュニケーションを取るために一発芸もめちゃめちゃしていました」

周りを盛り上げるムードメーカー的なタイプではなく、物静かで穏やかな星野が一発芸を連発していたことに、旧知の人間は驚くだろう。それほど切実な気持ちでサッカーをしていた。

年俸0円から200万円プレーヤーに

その努力と誠意は実力に反映し、与えられたチャンスをものにしていった。そして、監督をはじめとする周囲から一定の評価を得た結果、2年目も契約更新に至った。さらに、年俸216万円（月収

18万円）の選手に昇格した。シーズン中、B契約に切り替わった。B契約はC契約と同様に年俸の下限はなく、給与面での変化は特になかったが、「当時、水戸はそこまで経済面で余裕のあるチームではなかったから、Jリーガーとしては決して高くはない金額でも、自分としてはとても嬉しかった」と振り返る。

その一方で、1年目の夏から痛めていた膝は、日を追うごとに悪化していた。以降、怪我に悩まされることになる。痛み止めのステロイド注射を打つことが日常になり、「痛みを我慢して試合に出るか、体を第一に考えて休むべきか」の判断を毎回余儀なくされた。

3年目の契約更新もされたが、年俸は180万円（月収15万円）とダウンした。「交渉できたのかもしれないけど、2年目の結果には満足していなかったので、その契約金で承諾しました」

膝の調子は改善されず、3年目の出場数は、1回サブに入ったものの、実質「0回」に終わった。Jリーグの舞台に立っているのに、その恩恵を得られない──。

「それで、ちょっと腐ってしまって。3年目のときのメンタルは、あまり良い状態ではなかった。今考えると、『お前何やってんだ』って思います。その雰囲気が監督やチーム内にも伝わり、2年間で築いた信頼を失ってしまった1年になりました」

予想はしていたが、4年目は契約更新に至らなかった。

年齢は25歳、まだまだサッカー選手としてやっていけると思っていた。そしてJリーグ合同トライアウトを受けたが、ライバルたちが放つ殺伐とした空気に呑まれてしまい、思うように動けなかった。星野のもとには、Jリーグチームからのオファーは来なかった。

アマチュアリーグに移転しても消えない夢

Jリーガーにはなれなかったが、知人から声をかけてもらったJFLリーグ所属の栃木ウーヴァFC（現・栃木シティFC）でサッカーをすることに決めた。

星野圭佑 **Keisuke Hoshino**

1985年、群馬県生まれ。道都大学卒業後、2008年に水戸ホーリーホック（J2）に入団し、プロ選手として活動。2011年にJFLチームの栃木ウーヴァFC（現・栃木シティFC）に移籍し、土方などの仕事をしながらサッカーに従事。2014年にラトビア1部リーグのFKリエパーヤに移籍し、2015年に同国2部リーグのFKアウダでプレーをし、2017年に関東1部リーグVONDS市原FCに移籍。プロ選手として3年間続け、2019年のシーズン終わりに現役引退。スポーツヒューマンキャピタル（旧・Jリーグヒューマンキャピタル）を受講。医療機器の営業などを経て、2021年に「MACアドバイザリー」に就職し、M&Aコンサルタントとして仕事をしている。

アマチュアリーグのため、選手は基本日中に仕事をし、練習は夕方から。試合会場へは車の乗り合いで向かったり、ユニフォームは自分で洗濯したりといった環境の違いに、最初は戸惑った。

　何より驚いたのは、勝つことが目的というより、サッカーをすること自体が目的となっている風土だった。

　そして、食べていくには働かないといけない。最初は土木関係の仕事をして生計を立てていた。しかし、痛めた膝は一向に良くならなかったため、思い切って手術することを決心する。リハビリ期間を含めて、長期間競技ができないことが見込まれたが、アマチュアチームに「クビ」はなく、在籍は認められた。

　ボールを蹴ることができなかった期間、病院の先生やトレーナー、理学療法士などあらゆる人を頼ったのは、「サッカーをやめる」という選択肢がなかったからだった。

「そのあいだ、自然と自己分析をし始めたのですが、何がしたいかって考えたとき、サッカー以外にやりたいことがなかったんです。やっぱりプロとしてやりたい。そして、プロとしてやるのであれば、サッカーの本場のヨーロッパでプレーしたいと思いました」

　膝の治療は続け、職業安定所を頼りながら、非正規の公務員のポジションを得た。当時は月収約10万円＋ボーナス。チームからの家賃補助があったため、毎月の出費は2万円の家賃と光熱費などの固定費のみだった。

「ギリギリでした。でも食事に連れて行ってもらうことが多く、周りに助けられました」

お金ではないものを得られた欧州時代

28歳になり、海外チームへ移籍するには、いささか〝遅い〟年齢に差し掛かっていた。職場からは正社員枠での採用の打診があり、両親もそのポストを望んでいた。だが、星野が選んだのは〝挑戦〟

果敢なタックルを試みる星野　©VONDS ICHIHARA

だった。
ある日、面識のある海外チームの代理人からリトアニアリーグのクラブチームへの移籍の話を持ちかけられた。リトアニアリーグはヨーロッパリーグに属し、成績が良いチームはUEFAチャンピオンズリーグへの出場権が得られる。メジャーなチームではなくても、欧州リーグで存在感を示し、ステップアップを狙う選手はそれなりにいるとのことで、「その狙い目の国」と代理人から聞いた。

直近ではプロとしての実績がなかったため、現地でトライアウトを受ける必要があった。1回のトライアウトにつき約11万円の料金がかかり、もちろん渡航費や現地での滞在費も自腹だ。それでも、この金額は「適正」だという。

「中には数十万円かかることも。そのほとんどが手数料ですが、〝やりがい搾取〟は多いと聞きます」

なけなしの貯金をはたき、リトアニアでトライアウトを受けた。しかし、「なぜか対戦相手だったラトビア1部リーグのチームと契約を結ぶことになったんです。本当にギャグですよね」と苦笑いする。

珍事を経て、FKリエパーヤに入団し、念願のヨーロッパリーグ選手になった。プロ契約ではなかったが、収入は月5〜6万円で、住居や食事もチーム負担という待遇だった。

「その後、ラトビア2部リーグのFKアウダに移籍をし、トータル2年間海外でサッカーをしていました。プレーはもちろん、ラトビアという国の歴史や、人の考え方や価値観を知ることができ、お金ではないものを得られました」

インドネシアのチームから オファーを受けるも……

チームメイトにも恵まれ、実績を上げていった。しかし、目標に据えていたUEFAチャンピオンズリーグ出場には一歩及ばず。さらに、ビザの更新ができず、帰国せざるを得なくなった。

帰国後も海外リーグでのプレーを望んでいたなか、突然、インドネシアのチームから声がかかった。きっかけは、自作したプレー集のまとめ動画を見た先方の監督が、星野を気に入ったことだった。ファーストコンタクト後、まもなく飛行機のチケットが届き、インドネシアのジャカルタへ飛んだ。

インドネシアはサッカーの人気度が高く、特にジャカルタのチームはファンが多く、活気があるという。契約内容は月収約30万円。30歳となった今、悪くはない話だった。

ただ、引っかかることがあった。練習環境についてだ。インドネシアは点在した離島によって成り立っている国のため、試合会場へは毎回飛行機移動になる。

そのため、練習は週2回しか取れず、残りは「移動」になる現実に二の足を踏んだ。さらに、現地の高温多湿な気候に体が対応できず、万全な状態でトライアウトを受けることができなかった。

「熱中症になりかけて、メンタル的にもきつい状態でプレーをしたので、案の定、結果は散々でした。それで、契約の話はなくなり、帰りの飛行機チケットも用意してもらえないという（苦笑）。金銭的に余裕がなく、自腹では買えませんでした。どうしようかと思っていたとき、チームにいた韓国人選手に助けてもらい、無事に帰国することができました。上手くいかなかった要因は諸々ありますが、一言でいうと自分の実力不足です」

星野のベクトルは常に自分に向いている。内省できる点が、成長の糧であり、周りから手助けしてもらえる理由なのかもしれない。

アマチュアリーグで3年間のプロ契約

11年間の選手時代、トータルで5つのチームに所属した中で、最後のチームとなったのは、アマチュアリーグの関東1部に所属するVONDS（ボンズ）市原FCだった。当時、32歳。知人を通しての紹介だったが、同時に、監督やコーチからのオファーもあった。今後の進む道を決めかねていたが、「そこまで言ってくれるんだったら」と思い、チームに足を運んだ。

そして、初めて訪れた練習環境に目を見張った。天然芝と人工芝の練習場に、自前のクラブハウス。選手たちの意識は高く、コミュニケーションを活発に取り合っていた。契約条件は、プロとして月収15万円（年俸180万円）を提示された。

星野の心は、決まった。チーム最年長の32歳になってもプロ契約を結べることが、素直に嬉しかった。結果的に、ボンズには2017年から3年間在籍した。2年目と3年目は月収25万円で、サッカースクールの手伝いなどをしながら、プロ契約を更新し続けた。

星野にとって、サッカー選手としては申し分のない環境と待遇だったが、引退について考え始めたのもこの時期だった。チームとしてどう成長していくかを考えるなかで、個人として成長するより、仲間と一緒に楽しくサッカーをすることのほうに重きを置いている自分に気づいたのだ。

「選手としてガツガツしていない。それはプロとしてダメだと思いました」

このまま続けていくこともできたが、以前と比較していち選手としての向上心が弱まっていることを受け止め、けじめをつけた。引退後、具体的にやりたいことは決まっていなかったが、大学卒業後

VONDS 市原 FC 時代の星野　©VONDS ICHIHARA

から関心があったのは「経営」だった。

「Jリーガー時代から思っていたのですが、クラブスタッフの方は好きなスポーツの仕事をしているのに、本当に苦しそうでした。この現状を変えていくにはどうしたらいいのか、なんとかならないのかという思いをずっと抱えていました」

サッカー選手から、M&Aコンサルタントに転身

そうして、34歳で現役を引退した。星野は、これまでサッカーだけではなく、生計を立てていくために仕事をし、海外経験も豊富なため英語力もある。ボンズ時代には青年会議所にも入会し、サッカー以外の人とのつながりを築いた。さらに、受講するのが難関のJリーグヒューマンキャピタル（現・スポーツヒューマンキャピタル）というビジネススクールに通い、スポーツビジネスにまつわる「いろは」を習得した。

就職活動で、内定をもらった企業は3社にものぼった。この3社以外にもオファーがあったが、その中で選んだのは現在勤務している「MACアドバイザリー」だ。「どこを選んでも成長できると思えました。決め手となったのは、初回の面接のときから来てほしいと言って

もらえたことでした」と語る。企業の合併・買収（M&A）のコンサルティング会社で、年収は平均1000万円を超える。裏を返せば、それだけ仕事内容が厳しいのだ。

34歳で、会社勤め未経験ながら、全職種の中でも上位の年収をほこる業界に就職した。ただ手をこまねいているのではなく、地道な行動が形となって現れたのだろう。

「社長が言っていたのは、『この業界で学ぶスキルはどこの業界でも使える』ということでした。実際働いてみて、やればやるだけ結果につながる仕事なので、その点においてはアスリートに近いものを感じています」

現在、就職して3年目となり、チームをまとめる立場にもなっている。会社から求められている数字を達成すべく、日々奮闘中だ。「元プロサッカー選手です」と積極的にアピールし、初対面の相手に印象を残すことも欠かさない。

その上で、将来的にはサッカークラブの経営に関わっていくこと、地元の群馬県太田市においてサッカーを盛り上げていくことも視野に入れている。

「まだ具体的な案はないのですが、サッカーと地元には何らかのかたちで貢献していきたいと思っています」

第4章

引退後はどんなキャリアが広がっているか

控えの選手でもトップエリートでも、必ず訪れるのが「引退」です。引退後の仕事としてイメージしやすいのは「サッカー指導者」かもしれませんが、選択肢はもっと多岐にわたります。

現役は何歳まで続けられるものなのか？　引退後のキャリアにはどんな選択肢が広がっているのか？「高卒30歳・初企業勤め」でも、一般企業に勤められるか？　Jリーグにはどんなキャリア支援制度があるのか？　そんな疑問に答えていきます。

「平均引退年齢＝25～26歳」は本当か？

プロサッカー選手の引退後のキャリアを考える上で、だいたい何歳ぐらいでネクストキャリアに移行していくのかはできるだけ正確に知る必要があります。なぜなら、**転職時に年齢は重要な要素になる**からです。

そこで「Jリーガー　引退年齢」とネットで検索すると、「25～26歳」という数字が出てきます。これは、私の周りの選手たちを考えたときにいまいち腑に落ちませんでした。一度プロになり試合に出始めて、選手として軌道に乗れば、リーグレベルを落としながらもだいたい30歳過ぎぐらいまでサッカーを続けている選手が多い気がしていたのです。

ここでは、ネクストキャリアのトピックに本格的に進む前に、もう少し厳密にプロサッカー選手の引退年齢について考察したいと思います。

限られたデータになりますが、2018年のプロサッカー選手の出入りを見てみると、同年シーズンに向けてJクラブ間の移籍、または高校／大学などから新規登録された選手は、計550人（平均年齢24・4歳）いました。そしてシーズン終了後にJクラブから登録削除された選手は、565人（平均年齢26・9歳）となっています。

ここで重要なのは、**契約満了になった565人の多くは、チームを変えたり、リー**

グレベルを落としたりしながら、次のステージへ移り現役を続けていることです。以下の図を見ると、**現役を引退しているのは565人中49人（平均年齢32・2歳）のみ**であることがわかります。つまり、このデータでは**平均引退年齢は「32・2歳」**となるはずです。ネット情報の「25～26歳」という平均引退年齢は、「当該年にＪクラブから登録削除された選手の平均年齢」を「プロサッカー選手の平均引退年齢」として誤って引用している可能性が高いと私は考えています。

本来２０１８年の情報のみでは判断できませんが、Ｊリーグ開幕以来の平均引退年齢のデータは存在しません。そこで本書では、プロサッカー選手の平均的な引退年齢は30歳過ぎぐらいという前提で話を進めていきます。

30歳前後を平均引退年齢と設定した上で、プロサッカー選手のキャリアの始まりから終わりまでのイメージを掴むために、２０２３年のＪ１日本人選手の年齢

Jリーグ（2018シーズン）の選手流入出

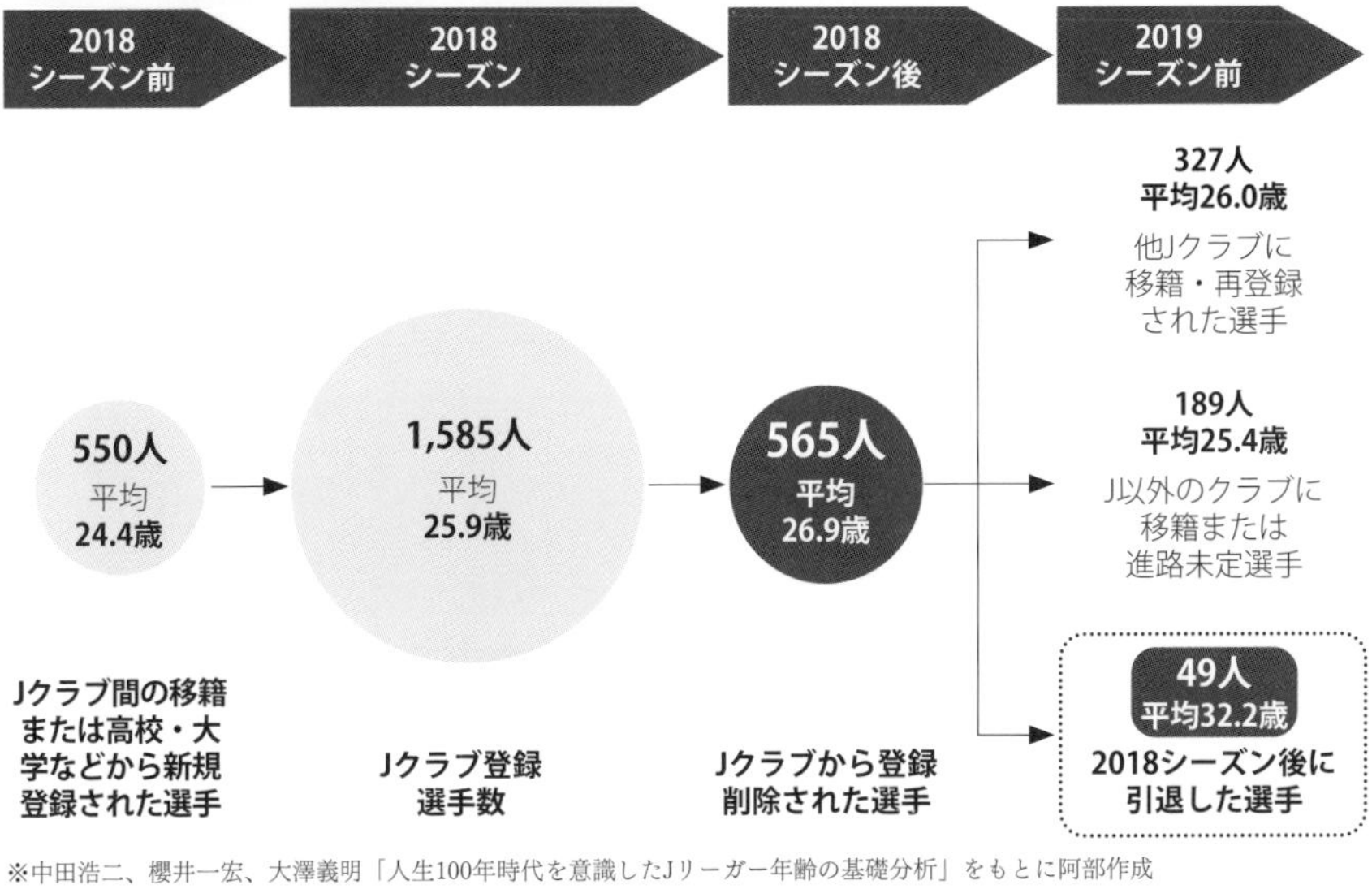

※中田浩二、櫻井一宏、大澤義明「人生100年時代を意識したJリーガー年齢の基礎分析」をもとに阿部作成

データをもとにライフサイクルを考えてみます。あくまで一般論的なモデルで、個々のケースでは当てはまらない場合もあると思いますので、何となくのイメージとして考えてください。

● **18～22歳までの導入期**：高卒／大卒でプロになる段階。プロサッカーという新たな環境に適合し、少しでも試合に絡んでいくことが重要。

● **23～27歳の成長期**：主力として試合経験を積み、より高いレベルでサッカー経験を積むことを模索する時期。この段階で海外挑戦する選手も多い。

● **28～32歳の成熟期**：選手としての成長は鈍化するが、総合力が最も高まる時期。これまでの経験と実績でチームにさらなる貢献が可能。

● **33歳以降の衰退期**：出場機会は減り、チー

プロサッカー選手のライフサイクル（2023年J1リーグ日本人選手）

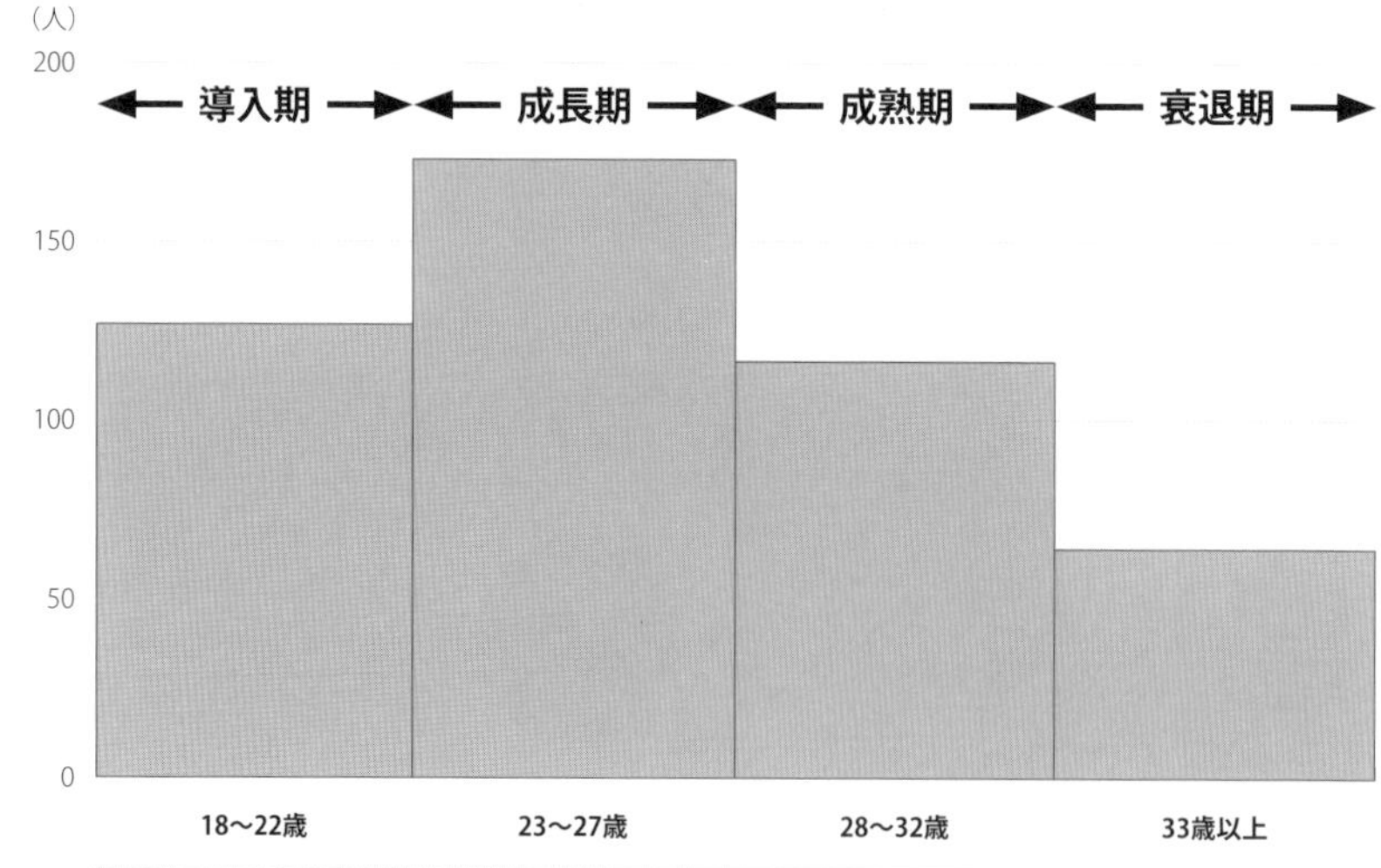

※年収ガイド「Jリーガー、サッカー選手の年収・年俸【海外・J1・J2・J3】」をもとに阿部作成
https://www.nenshuu.net/magazine/pages.php?pages_id=313

ム内の立ち位置も変わる。ベテラン選手としてのピッチ外でのチームへの貢献も期待される。現役引退という判断は、成熟期後期～衰退期に多く起こる。

一般的に、**成長期でより高いレベルに達した選手は、高いリーグから下に降りていくことができるので衰退期を長く延ばすことができます。**特に、衰退期に入ってからどこまでプロ生活を続けるかの見極めは、多くの選手が悩むポイントだと思います。徐々に落ちていく自身の競技レベルと、サッカーに対する想い、チームからの期待値、チーム内での役割などを天秤《てんびん》にかけながら、できるだけ長く続けるのか、ネクストキャリアに移行するのかを考える必要があります。本章でネクストキャリアの選択肢を知ることは、その意思決定に役立つかもしれません。

ネクストキャリアを考えるからこそ、目の前のサッカーに集中できる

２０２１年にＦＩＦＰＲＯ《フィフプロ》（国際プロサッカー選手会）は選手のキャリアに関するレポートを公表しています。このレポートは33か国、８０５人の選手に対する調査をまとめたものです。その中の「現役引退後のキャリアに関する質問」では、**自身の**

引退後の計画に自信があるという回答をしたのは33％のみ。残りの67％は「わからない」または「考えはあるが確信はない」のいずれかです。**現役引退後のキャリアを考えない理由に関しては、「サッカーに集中したい」が46％、「現役後のキャリアを考えるにはまだ早すぎる」が32％**になっています。

「今のサッカー人生が楽しいから、その後のことはあまり深く考えたくない」という思考は十分に理解できます。私の選手時代を振り返っても、「サッカー選手という人生の先は……崖の先で何もない」という人生観でした。一方で、実際には人生は続いていきます。特にプロサッカーのリアルにいる選手は、**ネクストキャリアを真剣に考えることで、初めて目の前のサッカーに集中できる環境を手にすることができる**はずです。まず最初の一歩として、ネクストキャリアにはどのような選択肢があるのかを知ることが重要だと思います。

プロサッカー選手のキャリアを終えると、**競技引退後もサッカー界でやっていくのか、それともサッカー以外の分野でチャレンジするのか**という選択を迫られます。そこで本章では、プロサッカー選手後のネクストキャリアの選択肢を「サッカー関連」と「サッカー以外」で考えてみます。そうすると、概ね106ページの図のような典型的なパスウェイが考えられます。

これらの選択肢の中で、まずはサッカー関連のネクストキャリアオプションを考えていきます。これまでプロサッカーで積み上げてきた経験値が活用可能という点では、

現役後のキャリアに関する調査

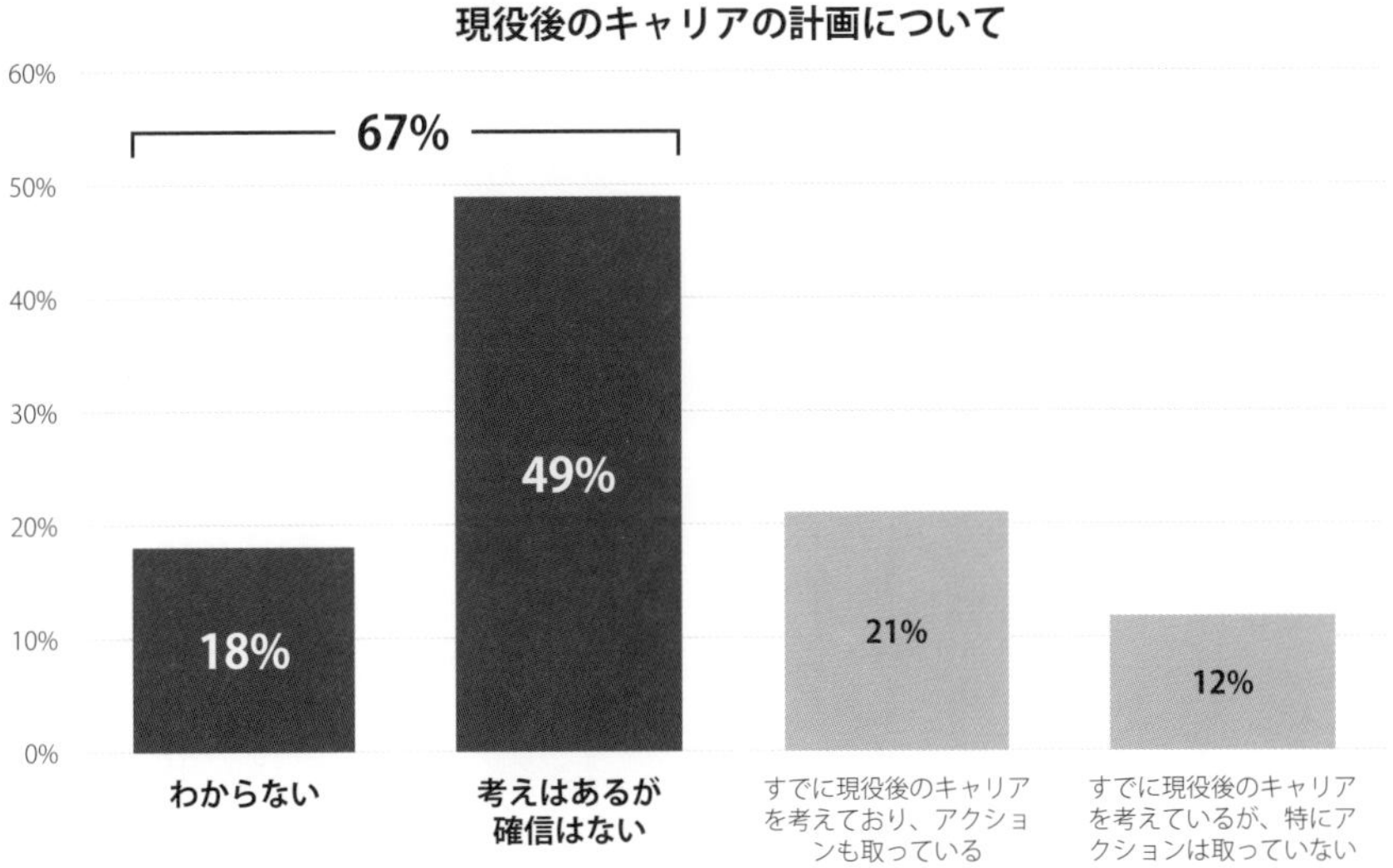

※FIFPRO, MIND THE GAP 2021をもとに阿部翻訳・作成 https://fifpro.org/media/br2ny5aq/fifpromind-the-gap-report-2021.pdf

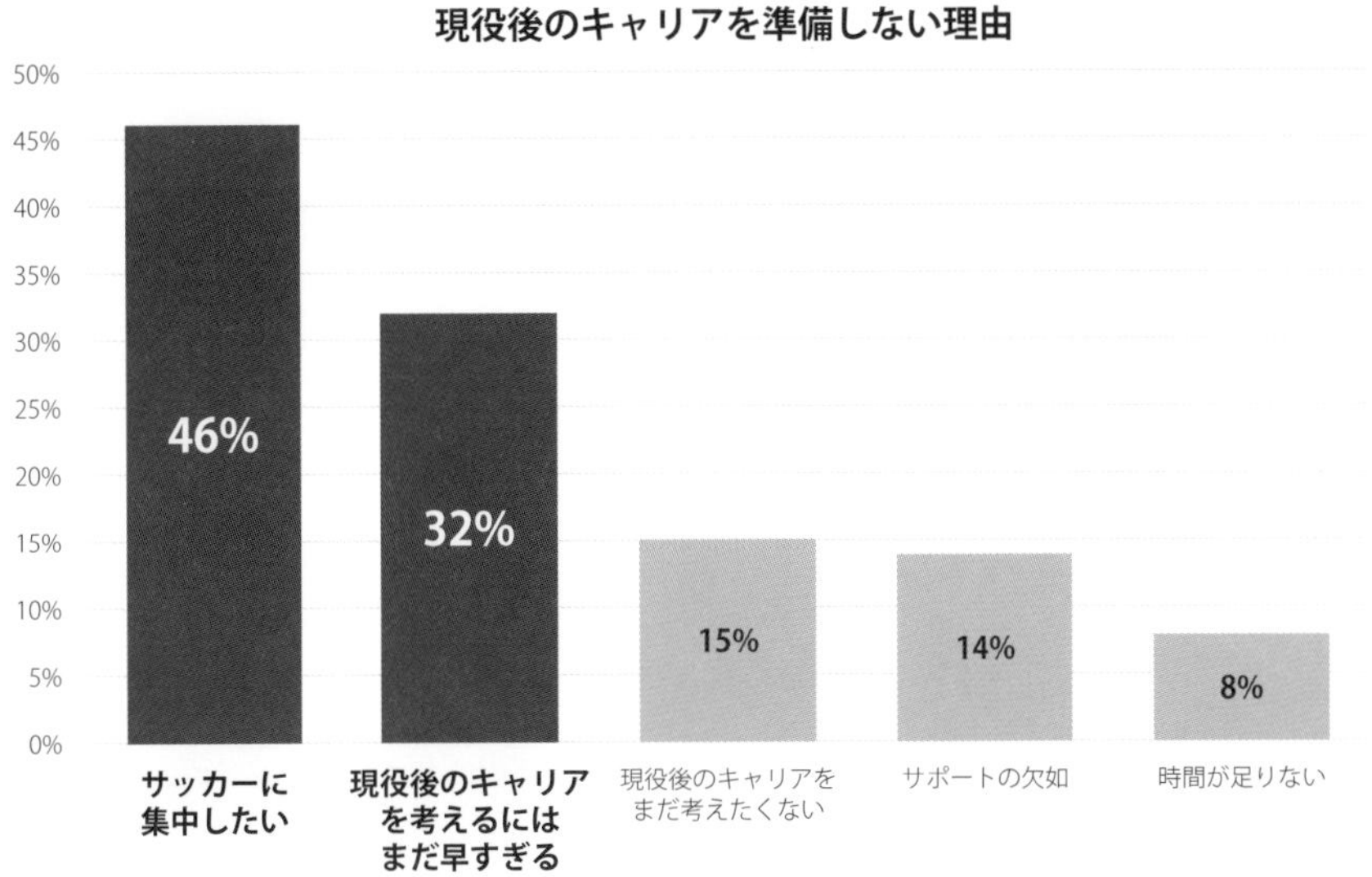

※FIFPRO, MIND THE GAP 2021をもとに阿部翻訳・作成（順序を改変）
https://fifpro.org/media/br2ny5aq/fifpromind-the-gap-report-2021.pdf

サッカー界に残るという選択肢は合理的に思えます。ここでは、サッカー界のネクストキャリアとして大きく**「現場」「メディア」「クラブ・協会」**に分けて考えてみます。

現場——元プロサッカー選手が必ず名コーチになるとは限らない

元選手がコーチ側に回るというサイクルは、サッカー界のコーチ育成の観点から考えても非常に重要です。そのため、**現役選手がコーチングライセンスを取得するための優遇措置**もあります。

一方で、もしサッカーコーチという職業を「選手の延長線上にある何か」「現役引退後に特にやりたいことがないからやる何か」と捉えているならば、その考えは見直す必要があると私は思います。

ここではその理由を、コーチのスキルとコンピテ

プロサッカー選手のネクストキャリアマップ

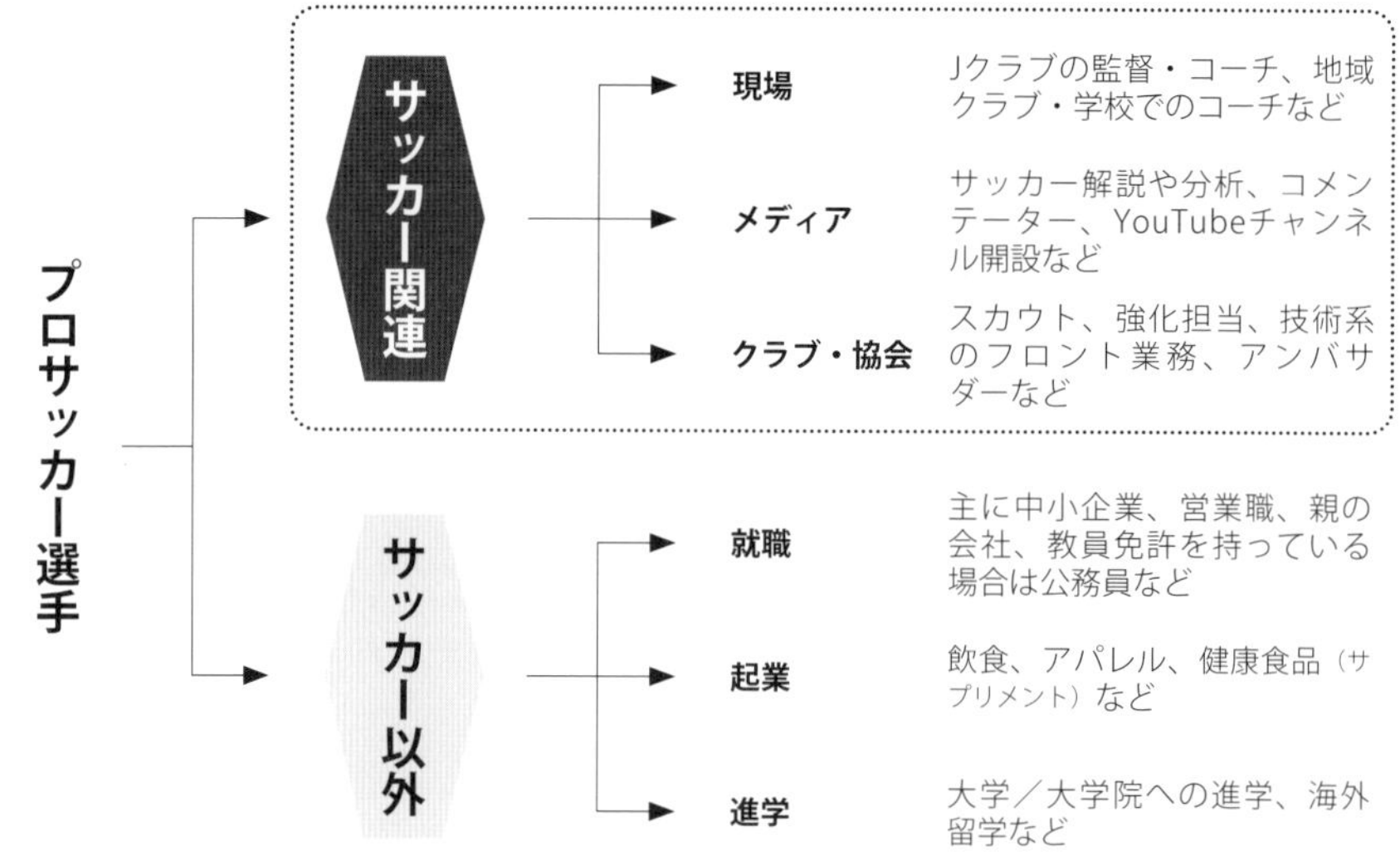

ンシーという側面から考察してみます。

スキルは仕事を遂行するための具体的な「技能」「知識」そのものを指します。例えば、元プロ選手が優れているであろう、ボールを「止める」「動かす／運ぶ」「蹴る」などはスキルです。一方、**コンピテンシーは持っている「技能」「知識」を活用して仕事をする能力**を指します。サッカーで言えば「選手との効果的なコミュニケーション」「選手を中心に考えるマインドセット」などが挙げられると思います。

元プロ選手には、特にスキルの部分では大きなアドバンテージがあります。また、「元プロ」という肩書は、選手からの尊敬や納得感を得るのに確実に役立つでしょう。

しかし、これらはコーチに必要な要素の一部に過ぎません。技術のデモンストレーションの他にも、「戦術知識」「トレーニングの構築」「映像分析」「選手の評価」などのスキルがコーチには求められます。そして、「倫理性」「タイムマネジメント」「コミュニケーション」などのコンピテンシーも同時に必要になります。**「名選手が必ずしも名コーチになるとは限らない」**とはよく言ったものですが、現役時代のスキルや肩書を切り売りしながらコーチをするには限界があるのです。

コンピテンシーに関して、国際コーチ連盟が定めるコア・コンピテンシーを次ページに掲載しておきます。コーチングという分野は日進月歩であり、今の国際的な潮流は**「気づきへの導き（guided discovery）」**です。これは既に第２章で触れたとおり、近年JFAでも採用されているコンセプトです。

現場──監督の国内マーケット

コーチとしてネクストキャリアをスタートさせたならば、「Jクラブの監督」はひとつの大きな目標になると思います。**日本のJリーグチームで指揮を執る場合は、JFA公認のS級ライセンスが必要に**なります。

S級ライセンスは、A級ライセンスを取得していることが前提とされており、そこからさらなる選考プロセス（指導実践と面談）を経て、ようやく受講できる敷居の高いものです。さらにS級の研修プログラムは、海外研修を含む1年強の長丁場であり、かなりの時間と労力の投資が必要です。一方で、たとえS級ライセンスを取得できたとしても、いきなりプロサッカークラブの監督ができるわけではあり

国際コーチ連盟が定めるコア・コンピテンシー

コア・コンピテンシー	主な能力
コーチとしての基盤	倫理性：品位、協働、尊重 コーチングマインド：自覚と責任、クライアントを中心に据えた思考態度、継続的成長・学習姿勢
クライアントとの関係性を築く	ゴール設定と合意形成 説明責任、タイムマネジメント 共感・関心 クライアントが自由に話せる環境づくり
効果的なコミュニケーション	傾聴 情報統合力と理解力 言語力 気づきを引き起こす洞察・介入

※ICF Japan Chapter「プロコーチの能力水準」をもとに阿部作成 https://icfjapan.com/competency

ません。そこから年月をかけて実績を積み上げていく必要があります。そしてこの競争は熾烈《しれつ》です。

２０００年代の前半には１００人強だったＳ級ライセンス取得者は、２０２３年度には５６２人にまで増えています。Ｊリーグのクラブは Ｊ１〜Ｊ３まで合わせて60チームあるので、**Ｓ級ライセンスを持っていても倍率は約10倍**です。また、２０２３シーズン開始時点のデータでは、外国人監督の割合が22％（Ｊ１では44％）となっています。**常に一定数の椅子は外国人監督に用意されている**ことを加味すると、競争はさらに苛烈《かれつ》だと言えます。

ちなみに２０２２シーズンのデータでは、**Ｊ１リーグの監督の年俸平均は６２７８万円、日本人監督の年俸平均は４４０９万円となっており、日本人選手の年俸より高い水準**です。しかし選手同様に、基本的には単年契約であり、シーズン途中での解雇というリスクもあります。そして、監督のもとに仕えるコーチ、あるいはＪ２／Ｊ３の監督となると、

S級ライセンス登録者数の推移（2004〜2023年）

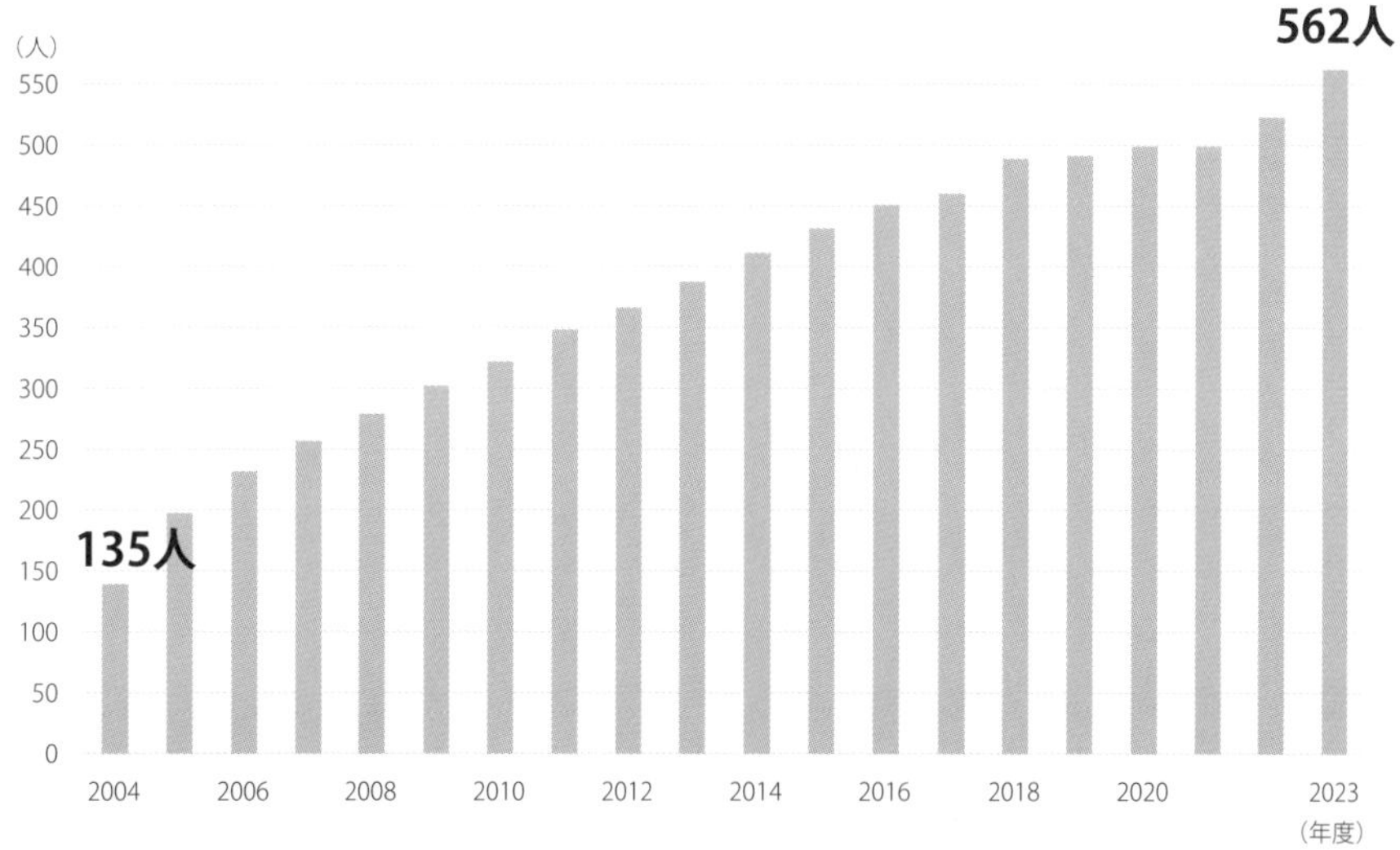

※日本サッカー協会「サッカー指導者登録数」をもとに阿部作成 https://www.jfa.jp/about_jfa/organization/databox/coach.html

年俸は大幅に下がります。さらに年齢に着目すると、**日本人監督の平均年齢は48歳**です。30歳前後で現役生活を終えることを考えると、その後、20年弱の修業期間が必要になります。

もちろん、Ｊクラブの監督を目指すのが指導者道のすべてではありません。**Ｊクラブのアカデミー、街クラブなどの育成年代では、トップチームの監督とは違い、比較的長く携われる場合が多い**です。また、自分自身でクラブを立ち上げるというオプションもありますが、例えば50人の育成年代の選手から月謝1万円を取るとして、月50万円の売上です。そこから経費諸々を捻出《ねんしゅつ》する必要があります。そもそもアカデミーなどの育成事業は、経営の観点では将来への事業投資という意味合いが大きく、稼ぐことを前提にするのが難しい事業領域だと言えます。

J1リーグの外国人／日本人監督の年俸（2022シーズン）

データ	全体 (n=18)	外国人 (n=7)	日本人 (n=11)
最大値	1億5,000万円	1億5,000万円	1億円
最小値	2,000万円	5,000万円	2,000万円
平均値	6,278万円	9,214万円	**4,409万円**
中央値	5,250万円	8,500万円	4,000万円
最頻値	1億円	1億円	2,000万円
平均年齢	51歳	55歳	**48歳**

※サカマネ.net「2022年 Jリーグ 監督年俸ランキング」をもとに阿部作成
https://www.soccer-money.net/kantoku/in_kantoku.php?year=2022

現場――指導者として海外を目指す

サッカー指導者という職業に関して、最後に少し持論を展開します。

第1章でも述べましたが、海外で活躍する選手の数は近年飛躍的に伸びました。一方で、海外のクラブで活躍する日本人指導者は誰かすぐに思い浮かぶでしょうか？　選手に比べると少ない印象です。私がサッカー指導者育成の専門家と議論をするなかで頻繁に出てくるトピックが、**「身ひとつで海外に挑戦して、自分の居場所を切り拓ける指導者がもっと増える必要がある」**です。明らかな課題は、英語を含むコミュニケーション能力だと言われています。

実はＪＦＡは、**海外に指導者を派遣する「ＪＦＡ公認海外派遣指導者」**という事業を実施しています。あまり大々的なニュースにはなりませんが、**アジアで指導者として活動する日本人は近年徐々に増えてきています。**

例えば現在タイ代表を率いる石井正忠監督や、シンガポール代表を率いる小倉勉監督、その他にもモンゴル代表を率いてきた大塚一朗監督がいます。石井監督と小倉監督はそれぞれＪクラブ（鹿島アントラーズ、大宮アルディージャ）での監督経験がありますが、大塚監督はＪクラブでの指導経験はなく、モンゴルに渡る前は富山第一高校で監督を務めていました。２０１４年には全国高等学校サッカー選手権大会で同校および富山県勢初の優勝を成し遂げています。

代表監督以外では、かつてU‐23日本代表も率いた手倉森誠監督がタイの複数のクラブでの監督実績を持っており、現在はBGパトゥム・ユナイテッドで監督を務めています。その他にも、元日本代表監督の経験もある西野朗さんが2019〜2021年にかけてタイ代表で監督をしていたこともありますし、岡田武史さんも2012〜2013年にかけて中国の杭州緑城で監督をしていたことがあります。

また、**各国サッカー協会の「テクニカルダイレクター」というポジションで活動する日本人も増加傾向**にあります。メディアの露出が多いので「代表監督＝指導者道の最高到達点」という印象がありますが、**テクニカルダイレクターは、代表チーム強化、代表監督の推挙、指導者養成、普及活動などを通じて、その国のサッカー発展を総合的に実現していく責任を負う「サッカー協会の重役」**です。長期的な視点でサッカーの発展に関わるポジションであり、見方によっては「代表監督」よりも大きな責務を負います。

このポジションで活動する日本人もアジアでは増えてきており、現在では、カンボジアに市川重明さん、ベトナムに越田剛史さん、ミャンマーに三田智輝さんなどがいます。興味深いことに、この3名はJクラブでの監督経験はなく、都道府県サッカー協会や、高校／社会人クラブでの指導実績など、高いレベルではありますがグラスルーツでの経験値が主である指導者です。

また２０２４年、ＪＦＡのテクニカルダイレクターに就任した影山雅永《まさなが》さんは、ファジアーノ岡山やＵ‐20日本代表での監督実績がありますが、過去にはマカオやシンガポールで指導者を務めた経験も持っています。今後は、指導者として上を目指すためには海外経験も重要な要素になってきそうです。

ここまで紹介してきたように、アジアで活動する日本人指導者は着実に増えているのですが、**サッカーの最高峰とされるヨーロッパで活動する日本人指導者は極端に数が少ない**です。もちろん実力が足りないというのも理由だと思いますが、その他に制度的な問題もあります。

ＪＦＡのＳ級ライセンスを持っていれば、ＡＦＣ（アジアサッカー連盟）の加盟国であればどの国でもプロクラブの監督ができますが、ＵＥＦＡ（欧州サッカー連盟）のプロコーチライセンス（UEFA Pro Diploma）との互換《ごかん》性はまだありません。つまり**日本のS級ライセンスを持っていても、基本的にはヨーロッパの代表チームやプロクラブでは監督はできません。**もしサッカー指導者の高みを目指すのであれば、日本のＳ級ライセンスよりも UEFA Pro Diploma を視野に入れる必要があるのです。

多様化するサッカー現場の仕事――
レフェリーはプロサッカーのリアルにいる選手より稼げる？

既に述べたように、サッカー界に残ると決断した場合、最も直感的な選択肢として現場の指導者があると思います。メディアでも、元選手がコーチや監督になって活躍しているストーリーは数多く見かけます。

しかし近年の傾向として、指導者の他にもアナリスト、フィジカルコーチ、コンディショニングトレーナー、エクイップメントマネージャー、通訳、ひいてはスローインコーチなど、**「選手のバスとスタッフのバスの2台が試合会場に来る」と言われるぐらい現場に関わるエキスパートの分業が進んでおり、サッカーの現場に残るキャリアの選択肢は年々広がっています。**

また、サッカー選手を辞めた後も「ピッチ上のパフォーマー」としてキャリアを続けられる職業があります。それはレフェリー（審判員）です。

意外と知られていませんが、**日本ではレフェリーのプロ化が進んでおり、上を目指すならば年収1000万円以上のプロレフェリーから、世界中を飛び回るFIFAの国際レフェリーまで、魅力的なパスウェイが整備されています。**２０２４年時点では、主審14名、副審5名がプロフェッショナルレフェリー（ＰＲ）としてＪＦＡと契約しています。

サッカー現場に関わる主な仕事①

サッカーコーチ

主な役割

・スクールコーチ（普及）：サッカーの楽しさを伝え、サッカー人口を増やすための活動をする。
・アカデミーコーチ（育成）：トップチームでプレーできる選手を育成する。
・トップチームのコーチ（強化）：チーム強化の最前線に立ち、チームパフォーマンス向上を図る。
※ゴールキーパーコーチ、ストライカーコーチ、スローインコーチなど、さらなる専門・分業化が進んでいる。

必要なスキル・経験・資格

日本サッカー協会公認指導者ライセンス

サッカートレーナー

主な役割

・フィジカル／コンディショニングコーチ：選手の身体能力や状態を把握し、それぞれに合わせたトレーニングを組み立て、コンディショニング、身体強化のための筋力トレーニング、ウォーミングアップやクールダウンなどを担当。
・理学療法士（PT）：負傷した選手への応急処置やケガの評価、医師の指示を受けリハビリメニューの作成などをする。

必要なスキル・経験・資格

理学療法士、鍼灸師、アスレティックトレーナー（AT）、日本サッカー協会公認フィジカルフィットネスライセンスなど

テクニカルアナリスト

主な役割

対戦相手のトレーニングや試合を視察・撮影・編集・分析し、戦術・フォーメーション・キープレーヤー・各プレーの特徴を数値化・言語化する専門職。また、自チームについても同様に映像撮影・分析をする。

必要なスキル・経験・資格

サッカーコーチとして指導経験を積んだ上でスタートするケースが多い。

スカウト・強化担当

主な役割

国内・国外問わず、有能な選手や今後の成長が期待できる選手を見つけ出し、自チームへ誘う。アマチュアリーグや、大学、高校の試合にも足を運ぶ。気になる選手がいれば、選手、所属チームの監督、コーチから話を聞きながら、プロとして通用するかを判断した上で、実際にスカウトする。

必要なスキル・経験・資格

一般募集はほぼなく、現在活躍しているスカウトは、選手経験や指導者経験を持つ人が多い。

チームマネージャー／スタッフ

主な役割

トレーニング用具の準備・メンテナンス、シューズ・ウェア・ボトルなどの用品管理、トレーニングマッチの対戦相手との調整、遠征スケジュールの調整、遠征時の練習場・バス・食事の手配、試合時の控室設営など業務は多岐にわたる。クラブにより、「主務・副務」「エキップメントマネージャー」「キットマン」「ホペイロ」などの職種があり、さまざまな職種でチームマネージャー／スタッフが構成される。コーチや選手の「通訳」もその一員。

必要なスキル・経験・資格

トレーニング環境づくりの先読み力・機動力。サッカー現場の経験、C級指導者ライセンス、キッズリーダーなどの資格も役立つ。

レフェリー（審判員）

主な役割

「競技と競技規則の精神」に基づき、ピッチ上で判定をおこなう。選手同士が対等に競い合うために試合をコントロールする。近年ではVARの導入により、1試合で10名近く割当がある試合もある。現在日本では20名弱の審判員がプロ審判員として活動している。

必要なスキル・経験・資格

日本サッカー協会審判員資格

※JAPANサッカーカレッジ「サッカーを仕事にする方法」をもとに阿部作成 https://cupsnet.com/performance/soccer_jobs

W杯に選出されるレベルのレフェリーの年齢は40歳前後で、これを「ピークパフォーマンス年齢」とするならば、20代後半でパフォーマンスのピークを迎えるサッカー選手と比べて10年以上息の長い職業です。例えば、W杯でも笛を吹いた西村雄一さんは50歳を超えていますが、いまだにPRとしてJリーグの試合を担当しています。

また、**近年ではプロサッカー選手からPRを目指すパスウェイも整備されつつあります。**２０２４年にPRとなった御厨《みくりや》貴文さんは、２００７年にヴァンフォーレ甲府でプロサッカー選手としてのキャリアを始めて、その後はザスパ草津、カターレ富山などでプレーし、２０１４年に現役を引退しました。その後２０１５年から他の仕事をしながらレフェリーとしての活動をスタートさせ、２０２４年に38歳でPRの契約をＪＦＡと結んでいます。

メディア――知名度勝負の世界だが、試合解説の需要は増加

カタールW杯（２０２２）では本田圭佑《けいすけ》選手の実況が話題になりました。他にも内田篤人《あつと》さん、大久保嘉人《よしと》さん、槙野智章さんなど、現役引退後にタレントとしてテレビで見かける元選手もいます。知名度と経験値を活用すれば、試合の解説、サッカーチャンネルでのコメンテーター、バラエティなどメディアに出演する機会があります。

ただしこのパスウェイは日本代表レベルのほんの一部の元選手にしか望めません。さらに、Ｊリーグが開幕して30年以上が経過しているので、元トップ選手の数も相当増えてきています。そのため、**引退後にメディアへの露出、コメンテーター業で稼ぐというオプションは年々狭き門になりつつあります。**

一方で、リーグの規模がＪ１からＪ３まで拡大しているので、**試合解説の仕事などはそれなりに需要があり**、フルタイムまではいかずとも、パートタイム的に自分のキャリアのポートフォリオに加える元選手もいます。

他にも、２００４年のアテネオリンピックで日本代表のキャプテンとしてプレーした那須大亮《だいすけ》さんのように、**ＳＮＳを活用して自身のメディアを持つ元選手も増えていますが**、やはり余程の知名度や目新しさがない限りはフルタイムの仕事にするのは難しいと思います。

クラブ・協会――
選手経験だけでなく、ビジネススキルも問われる世界

サッカー界に残ると決断したならば、クラブの事務局に入るというオプションもあります。近年ビジネス化が進むプロサッカークラブでは、育成・強化や試合運営など

現場寄りの仕事だけではなく、マーケティングや営業（事業部門）などビジネス寄りの仕事も数多くあります。Ｊリーグが出している資料（Ｊクラブ組織図の一例※）を見ると、サッカークラブには意外と多種多種な仕事があることがわかると思います。

選手時代の経験を直接的に活かすならば、フットボール部門における育成・強化の仕事、またはそれらを束ねるジェネラルマネージャー（ＧＭ）やスポーツダイレクター（ＳＤ）※などのポジションは強みを発揮できるはずです。実際にこれらのポジションで活躍する元選手は数多くいます。

また近年では、鹿島アントラーズのクラブスタッフとしてクラブ・リレーションズ・オフィサーをしている中田浩二さんのように、クラブのレジェンドをアンバサダーとして、さまざまな関係者との接点にするケースもあります。ですがもちろん、こちらは元トップ選手、かつ、クラブと歴史をともにした一部の選手に限られる選択肢です。

他にもクラブの事務局には、試合開催を準備・実行する運営部門や、集客やプロモーションに関わるマーケティング部門、スポンサー獲得の営業などをおこなう事業部門などのビジネス寄りの職務もあります。これらはプロジェクトマネジメント力、事業価値を伝えるコミュニケーション力などが重要であり、元選手としての経験が必ずしも直接的に活かせない壁に当たる可能性があります。最初はクラブの事務局のビジネス系部門で働いていながら、最終的に現場の仕事に戻っていくというケースは私の

※Ｊクラブ組織図の一例
←51ページ参照

※ＧＭ・ＳＤ
クラブによって仕事の範囲はさまざまだが、ＧＭ、ＳＤは現場（トップチーム）の意思決定者という場合が多い。現場のチームビジョンの確立、監督や選手の獲得、移籍交渉、評価、予算管理などが主な業務。クラブによってはＧＭが予算などのビジネス面を担当、ＳＤが現場の強化を担当という棲み分けをしているところもある。

サッカー現場に関わる主な仕事②

運営部門

競技運営部門
試合開催の準備・実行を担う。スタジアム、日本サッカー協会、Jリーグ、対戦相手、メディアなど、関係者と常に連絡を取りながら試合運営を準備・実行する。

広報担当
メディアと選手・クラブをつなげ、認知度の向上を担う。また、選手の移籍情報や、クラブのイベント告知などリリースも担当する。

施設管理担当
ピッチコンディションをはじめとする、スタジアム管理を担う。指定管理（施設運営を外部の運営会社に任す）を通じて外注されるケースも多いが、近年ではより魅力的なスタジアムを実現するために、自クラブで運営を試みるケースも出てきている。

マーケティング部門

集客・チケット担当
試合のチケットの計画から販売促進までをおこなう。貴重な入場料収入を担う部門。試合ごとの来場予測などを分析しながら、完売に向けさまざまな施策を計画・実行する。QRチケットやダイナミックプライシングなどDX化が著しい部門。

事業部門

スポンサー営業担当
プロサッカークラブのいちばんの収益源であるスポンサー収入を担う。ユニフォームの胸、裾、背中、パンツなどに企業ロゴを掲示する権利を販売する。クラブを通じた企業の広告や協賛などの方法を企業に対して企画・提案する。

グッズ関連担当
レプリカユニフォームなど、クラブのアイデンティティを活かしたグッズ企画・販売・在庫管理などを担う。選手の試合出場記念グッズ、クラブ設立記念グッズなど、その時々の需要を考えながらプロモーションをする。クラブの重要な収入源のひとつ。

管理部門

労務・人事担当
勤務体制や、就業規則、契約書関係の取りまとめ、労働環境の改善などを担う。現場ではプロサッカー選手・監督・コーチ、フロントではサッカー×ビジネスのスキルや経験がある人材を採用・管理する。ユニークな人材プールを扱うため、一般の労務・人事のスキルにプラスして、業界の知見・経験が必要とされる。

財務担当
事業収支を統括しながら、クラブの資産を管理する。選手への年俸支払いや、移籍金の支払いなど、ユニークな財務管理があるため、一般的なビジネス経理のスキルにプラスして、業界の知見・経験が必要とされる。

社会連携部門

ホームタウン担当
Jリーグが各クラブに必須で設けるように定める独特な職種。ホームタウンである自治体の社会問題の解決や、街の発展などを担う。

ファンクラブ担当
クラブのサポーターに対するカスタマーサービスを担う。スタジアムの優先入場権など、さまざまな特典を施策として企画・実行する。海外クラブでは、国外にファンクラブのコミュニティがあるケースもあり、想像以上に広がりのある職域。ファンクラブの施策は、集客や協賛、グッズ売上に直結するので重要度は高い。

※Foot Ball Business「Jリーグクラブの仕事内容一覧！」（https://reimond.jp/137/）およびJリーグ公式サイト「Jリーグクラブ経営ガイド2022」（https://aboutj.jleague.jp/corporate/assets/pdf/club_guide/jclub_guide-2022.pdf）をもとに阿部作成

周りを考えてもわりと多いです。

元選手の経験を事務局で最大限に活かすならば、**現場オペレーションを飛び越えて、クラブの経営企画などのマネジメントレベルまでジャンプしてしまったほうがよいケースもある**と思います。組織をまとめる力を発揮できたり、選手経験を活かした本質を突く仮説や提案でクラブ経営に貢献できる可能性が高いからです。しかし、引退後いきなりクラブのマネジメントに参画するには、

- 事業や組織をマネジメントするための知識と経験
- 現場オペレーションを知る努力
- 元選手がいきなりクラブ経営に関わることへの周りの理解

などが必要不可欠になります。そしてこれらの要素がそろうのはかなり稀です。その稀なケースとして、渡部博文《わたなべ》さんの事例はとても参考になると思います。

渡部さんは、２０１０年に専修大学卒業後に柏レイソルでプロサッカー選手としてのキャリアをスタートさせています。その後、複数のＪクラブでプレーし、２０２２年にレノファ山口で現役引退後、同クラブの社長に就任しています。社長就任時は35歳でした。

渡部さんの他にも、いわきＦＣの大倉智《さとし》さん、ＳＣ相模原の望月重良さんなど、プ

ロサッカー選手からクラブ経営者になった事例はいくつかあります。大倉さんは、Ｊリーグのプロリーグ化の過渡期にプレーしており、日立製作所で社員選手としてプレーしていましたが、１９９４年に柏レイソルのＪリーグ昇格にともない、プロサッカー選手になった経験を持っています。望月さんは、名古屋グランパスをはじめとする複数のＪ１クラブでのプレー経験があり、１９９７〜２００１年には日本代表でもプレーしています。

ＪＦＡやＪリーグという組織も元選手の経験値を必要としていますが、現役引退後にすぐ就けるのは代表コーチなど現場のポジションに限られ、また、元トップ選手のみに限定されます。最近では、内田篤人さん、川口能活さんがＵ‐19日本代表のコーチを担当したのが話題になりました。

一方で、グラスルーツやエリートユース育成など、長期的に技術畑に関わる仕事は、現役時代の実績や知名度があるに越したことはないですが、それよりも地域やクラブでの指導経験と実績が評価される傾向があります。

サッカー以外の社会から、元選手はどう見られるか？

サッカー以外のネクストキャリアの主なパスウェイでは、**「就職」「起業」「進学」**

を考えていきます。特に就職について考える際に、日本の雇用慣習を知っておくことは重要なので、まず簡単に触れたいと思います。**近年日本の雇用慣習も大きく変わってきていますが、ここではプロサッカー選手のネクストキャリアでの課題を浮き彫りにするために、あえてステレオタイプ的に取り上げます。**

まず、日本企業の採用の特徴は、学歴を重視した新卒※一括採用です。つまり大学卒業後にすぐ就職することを想定しています。第二新卒にしても大学卒業後3年以内と定義されることが多いので25歳程度です。そして、就職においては偏差値の高い、いわゆる有名大学のほうが有利です。また、業務内容を限定せず長期雇用して人材育成をするメンバーシップ型雇用を採用する企業が多いので、他業種での経験が職務経験としてカウントされにくいです。長期雇用で人材が企業内に長く残り、一定のところまでは足並みをそろえて昇進していくため、新卒／第二新卒期を逃すと就職や転職が難しいのです。

プロサッカー選手のネクストキャリアマップ

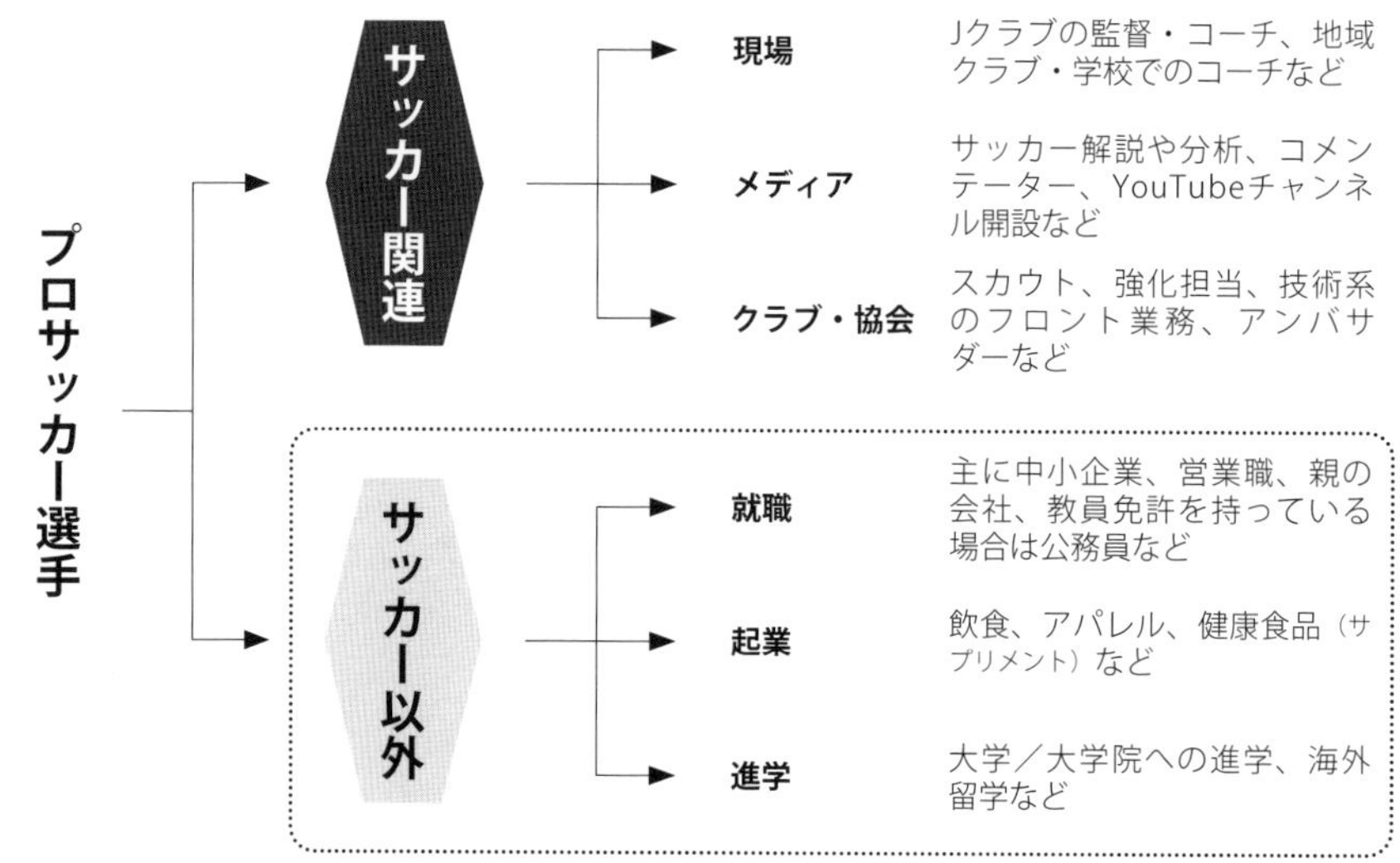

これを元プロサッカー選手のキャリアに当てはめて考えてみます。例えば30歳で現役引退した高卒プロサッカー選手の場合、新卒／第二新卒年齢を大きく過ぎており、学歴も高校卒業です。プロサッカー選手の経験も職務経験としてカウントされません。大卒プロでも、30歳過ぎで現役引退する選手が多いとなると、新卒／第二新卒でもない、労働市場で想定されづらい年齢です。また、大卒ならばどの大学出身でもよいというわけではなく、例えばサッカー推薦で新興の大学に進学・卒業したとしても、日本の労働市場ではほとんど評価されません。

本書ではこれらの問題を**「学歴の壁」「30歳・初企業勤めの壁」**と呼ぶことにします。

大企業就職――引退後の選手に立ちはだかる2つの壁

第3章では、プロサッカー選手がどのぐらい稼げるか検証しました。結論としては、現役引退後もほとんどの選手が何らかのかたちで働いて稼いでいかなければなりません。サッカー界外で稼ぐという選択肢で、いちばん

日本の雇用慣習とプロ引退後への示唆／課題

日本の雇用慣習	プロ引退後への示唆／課題
学歴重視の新卒一括採用	・「学歴の壁」「高卒30歳・初企業勤めの壁」が存在 ・大卒、特に有名大学卒のほうが有利
メンバーシップ型長期雇用の年功序列	・プロ生活が職務経験としてカウントされない ・ベテラン選手も新卒扱いからスタート

※**新卒**
一般的に高校卒業や専門学校卒業も含まれるが、本章では主に大学卒業のケースを想定して語る。

最初に思い浮かぶオプションが「**就職**」だと思います。大企業と中小企業で求められる要件が大きく異なるので、2つに分けて考えます。

繰り返しになりますが、**各進路の特徴や課題を見えやすくするために、あえてステレオタイプ的に語っているところもあります。**日本でも雇用慣行が変わりつつある現在、必ずしも当てはまらない場合もありますが、今なお根強いと私が考える傾向を語っていますので、そのつもりで参考にしていただければと思います。

まず、東証一部にリストされているような「**大企業への就職**」です。大企業に就職するためには多くの場合、**学歴と年齢が重要な要素になるため、「学歴の壁」「30歳・初企業勤めの壁」と正面から向き合う必要があり難易度は高い**です。一方で、前例は少なからずあり、不可能ではありません。

例えばＪクラブの中には、大企業がスポンサーとしてついているところがいくつかありますが、現役中に何らかのコネクションを築くことができ、スポンサー企業側に認められれば、現役引退後に就職という可能性もあると思います。また、Ｊリーグの運営にも多くの大企業がスポンサーやサービスの提供者として関わっており、それらの企業にＪリーグまたはＪＰＦＡ（日本プロサッカー選手会）を通じてコネクションをつくり就職が決まる、というケースがあります。

例えばアサヒビールに就職した千代反田《ちよたんだ》充さん、電通を経て早稲田大学ア式蹴球部の監督も務めた外池大亮《とのいけだいすけ》さんなどは好例です。千代反田さんは、筑波大学を卒業後、２００３年にアビスパ福岡でプロサッカー選手になり、計５つのクラブを渡り歩き、２０１０年には名古屋グランパスでＪ１優勝も経験しています。２０１４年に引退後は一度サッカーコーチとしての道を歩むも、２０１６年に35歳でアサヒビールの正社員になっています。外池さんは、１９９７年に早稲田大学からベルマーレ平塚に入団し、その後は横浜Ｆ・マリノスなどをはじめとする複数のＪクラブで11年間プレーし、２００７年に現役引退後、２００８年に34歳で電通に就職しています。

一方で、やはり「学歴の壁」は存在しており、**大企業に就職が決まる元プロサッカー選手は、ほぼ例外なく筑波大学や早稲田大学など、サッカーが強くて勉強もできる大学の卒業生**です。

「大企業に就職する＝成功」という価値観は近年大きく揺らぎつつありますが、私はいまだに大企業で働くメリットは大きいと思います。大規模プロジェクトに関わる機会があり、給与も比較的高水準で、同僚のビジネス能力も高いので、その中で揉まれて自身もレベルアップできます。また、**大企業から転職するほうが中小企業から転職するよりもその後の選択肢が多くなる**と思います。

中小企業就職――
幅広く開かれているが、即戦力が求められる

既に述べたように、現役引退後の大企業への就職は不可能ではないですが、かなりハードルが高いです。就職という選択をするならば、多くの場合は中小企業になると思います。中小企業と言ってもさまざまですが、ここでは厳密な定義は気にせず「大企業に比べて規模が小さい企業」ぐらいの感じで考えてください。中小企業にも優良企業が数多く存在するので、**就職先として必ずしも「大企業のほうが中小企業よりも優れている」というわけではありません。**

プロ時代のコネクションを活かした関連企業への就職は大企業のところでも触れましたが、例えば**所属クラブのイベントなどを通じてスポンサー企業に人材価値を評価してもらい、現役引退後に就職するというケースは比較的多い**と思います。

私の身近な例になりますが、V・ファーレン長崎からLPガスやエネルギー供給事業を手掛ける地元スポンサー企業のチョープロに就職した近藤健一さんなどは好例だと思います。近藤さんは国見高校では控えのGKでありながら、そのポテンシャルを高く評価され、卒業後の2002年にFC東京とプロ契約を結んでいます。その後V・ファーレン長崎に移籍し、2012年のJ2昇格後に30歳で引退しチョープロに就職しています。まさに「30歳高卒」を地で行く例です。

少し意外かもしれませんが、**サポーターとのコネクションで就職が決まるというパターンも少なくありません。**最終章で詳しく触れますが、選手とプレーした地域のサポーターの存在や地域との結びつきは、プロサッカー選手ならではの貴重な財産だと思います。私がプロをクビになったときも、数名のサポーターが仕事の話を持ちかけてくれました。

中小企業への就職メリットは、**大企業ほど「学歴の壁」を感じることが少なく、「30歳・初企業勤めの壁」もそこまで問題にならない**ところです。

一方で、多くの中小企業は人を育てる余裕が大企業ほどないため、**就職後はなるべく早く戦力になることが求められる傾向**があります。周りも最初は元プロサッカー選手という特異な経歴を面白がってくれるかもしれないですが、本来即戦力を雇いたい中小企業に「高卒30歳・初企業勤め」として入社して、社内でお客様でいられる時間はそう長くないはずです。

教職員――
資格を確実に活かせて、サッカーにも関われる

就職という選択肢の最後に、**「教職員」**という道を紹介したいと思います。これまで

大企業／中小企業という会社規模での話をしてきたのに、いきなり特定業種の話をするのは唐突に感じるかもしれませんが、教職員は元プロサッカー選手の典型的なネクストキャリアのパスウェイなので、ここで個別に触れたいと思います。

教育職員免許状（以下、教員免許）はいちばん身近な業務独占資格※かもしれません。「教員免許、一応とっておくか」という考えは、一般の大学生だけではなく、大学経由でプロを目指す多くのサッカー選手が一度は考えることだと思います。教員免許はほぼすべての大学で取得が可能であり、大学で何を勉強したかがその後のキャリアの専門性にあまり関係しない日本において、大学での学びを実務に直接結び付けることができる数少ないオプションです。

教職員はサッカー界以外の職でありながら、サッカーに携わることができる仕事でもあります。例えば、学校教員をしながら部活動の顧問としてサッカー部に関わることができれば、安定した収入とともにサッカー指導に携われます。また、実際に教鞭《きょうべん》を執らないサッカー部専属コーチというポジションも、教員免許を持っていると話が広がりやすいです。私の周りを考えても、最初はボランティア的にサッカー部に関わり、その後サッカー部専属コーチになり、最終的に学校の非常勤講師や教員になった事例がいくつか思いつきます。

公立の場合は教員採用選考試験に合格する必要がありますが、私立は各学校で独自の試験を実施します。そのため専門教科の知識や教養よりも人間性や元プロサッカー

※**業務独占資格**
医師免許、弁護士免許など、その資格を持っている人だけが独占的に当該業務を取り扱うことができる資格。安定的な雇用につながりやすい。

選手としてのキャリアを評価してもらい、採用に至る可能性が高いかもしれません。**特に将来的にサッカー部強化を考えている学校にとって、教員免許を持っている元プロサッカー選手は魅力的な人材**だと思います。

起業――「個」を強く活かせる選択肢だが、競争も激しい

ここまで、サッカー以外の業界への就職という選択肢を考えてきましたが、もうひとつのパスウェイとして「**起業**」という選択肢もあります。

近年では**現役中に起業する選手が増えている**のもトレンドだと思います。プロサッカー選手は、午前・午後の二部練習でも、拘束時間は長くて計４〜５時間程度。その他の身体のケアなどを考えても、仕事をしている他の人たちより自由時間があるのは間違いないです。

元日本代表レベルの例だと、日本酒関連事業の中田英寿さん（JAPAN CRAFT SAKE COMPANY）、コンディショニングサポート事業の鈴木啓太さん（AuB）がいます。また、Ｊリーグ草創期に横浜フリューゲルスでＧＫとしてプレーした森敦彦さんはアパレル事業（WACKO MARIA）を展開しています。

その他にも、ブランドリユース事業の嵜本《さきもと》晋輔さん（バリュエンス）の例も興味深いです。嵜本さんは２００１~２００３年までガンバ大阪でプレーし、その後に現バリュエンスの元となる株式会社ＳＯＵを起業しています。バリュエンスは２０１８年に東証マザーズに上場しており、嵜本さんは元Ｊリーガー初の上場企業社長と言われています。

元プロサッカー選手の起業分野としては、飲食、サプリメント、アパレルなど、競技生活や選手時代の私生活と何らかの関わりのあるものが多いように感じます。これらの分野のビジネスは競争が激しいので、元プロサッカー選手という知名度だけで売り続けるビジネスモデルには限界があります。

ですが、**自身の身体が資本であるプロサッカー選手は個人事業主的な特性を持つため、起業との親和性がわりと高い**と思います。他人にとやかく言われるのではなく、自分が考える事業を自分なりの戦略で勝負したいという気質を持つ選手は多いと感じます。気質的な話を広げれば、プログラマーや理学療法士など、**個として職人的スキルを高めていく職業も、元プロサッカー選手がネクストキャリアでのめり込んでいける可能性が高い**のではないでしょうか。

起業のメリットは、中小企業への就職と同様に**「学歴の壁」**や**「30歳・初企業勤め**

の壁」が問題にならないところです。しかし、プロサッカー選手がアマチュア選手と試合をする際に「プロなめんなよ」と思うのと同様に、ビジネスの世界でプロとして生きている経営者たちも、元プロサッカー選手が現役引退後にいきなり起業し、ビジネスの世界で戦っていくことに関して「プロなめんなよ」と思うはずです。**スポーツの世界と同様に、ビジネスの世界も競争が激しい**のです。

進学――転職年齢を遅らせるが、キャリアを飛躍させる可能性あり

サッカー以外でのキャリアパスウェイの最後に、**「進学」**というオプションに触れます。

進学は「学歴の壁」を超える有効な手段です。一方で、**年齢とトレードオフ**の関係であることに気をつけたいです。例えば30歳高卒の選手が大学に通うと、卒業時には34歳になります。30歳ですら想定外と捉えられがちなのに、30代半ばまで最初の就職を引っ張ってしまうと、一般企業ならば管理職に差し掛かるレベルの人材とのマッチアップとなり、さらに分が悪くなります。

とはいえ大学や大学院での時間は、自身の人生を考え直す最高の機会だとは思います。

また、起業のところで述べましたが、**職人的スキルを磨いていく気質が学問に向かえば「研究者」というネクストキャリアもあり得ます。**例えば、福島洋《ひろし》さんの事例は興味深いです。都立駒場高校を出て２００１年にアビスパ福岡でプロサッカー選手となり、複数のチームでプレーし、２０１１年に29歳で引退。その後、大学、大学院に進み、現在は久留米工業高等専門学校にて教員をしています。ちなみに研究領域は、脳振盪《のうしんとう》を中心としたスポーツ安全とコーチングです。

「大学／大学院をどのように選ぶべきか？」という問いですが、**大学で何を学ぶかは、「就職のため」だけを考えるならばそこまで重要ではありません。**日本の雇用慣習では、「名門大学卒業≒人材として高いポテンシャルの証明」「非名門大学卒業≒人材としてのポテンシャル不明」という分類がなされるだけで、大学で学んだ内容が就職後の専門性とはほぼ関係ないことが多いからです。

この現実を踏まえると、就職のために進学するならば、できるだけ有名な名門大学を選ぶのが上策だと思います。

例えば、法政大学キャリアデザイン学部では谷川烈《たにかわつよし》さんが学んでいます。谷川さんは、１９９９年に高卒（清水エスパルスユース出身）で清水エスパルスとプロ契約を結び、その後複数のクラブでプレーし、２００４年に24歳で現役を引退して進学しています。早稲田大学大学院では第2章で紹介した長澤和輝さんなどが学んだ前例があり、これらの大学には多くのアスリートが在籍するため、名門大学の中でもプロサッカー選手に門戸が広い印象があります。

また、國學院大學はJリーグと連携した優先入学・奨学金制度があり、森田耕一郎さんなどが学んだ前例があります。森田さんは、2003年に都立国分寺高校を卒業後にベガルタ仙台でプロになり、その後複数クラブでGKとしてプレーした後、2015シーズン後に引退しています。2016年には31歳で國學院大學に入学し、2020年に36歳で東急ホテルズに入社。また2023年には、社会人大学院である多摩大学大学院にてMBA（経営学修士）も取得しています。

最後に、進学の少し大胆な選択肢として**「海外留学」**について触れます。海外留学は年齢とのトレードオフに加えて金銭的な負担が大きい選択肢ですが、ユニークな見返りが2つあると思います。

1つ目は「日本という枠からはみ出ることができる」という点です。現役引退後、海外の大学で学位を取得した35歳前後の人材は、キャリアがあまりに無秩序すぎて、既存の労働市場では整理できない存在です。近年日本では多様性の欠如が取り上げられることが多いので、それを補う存在として**多様性枠で年齢に関係なく採用**という可能性もあります。また、**海外でそのまま就職するならば、日本と比べて年齢が問題にはなりづらい**ので、実力さえあれば就職を勝ち取ることもできるかもしれません。

2つ目は「言語力」です。**日本において言語、特に英語でビジネス実務がこなせる人材はいまだに希少**です。あらゆるスキルの中で、英語を扱うスキルはキャリアをジャンプさせてくれる可能性が高いです。英語ができることによって、日本国内だけではなく海外での就職を視野に入れられるのも大きなメリットです。

留学は元プロサッカー選手の選択肢としてかなり稀と感じるかもしれませんが、例えば、1993〜2001年まで浦和レッズでプレーした西野努さんは、2002年に31歳で現役を引退後、2004年に33歳でリヴァプール大学でフットボールMBAを取得しています。また、2024年からJFAの会長に就任し、日韓W杯（2002）の日本代表キャプテンでもあった宮本恒靖《つねやす》さんは、2011年に34歳で現役を引退し、2013年にはスイスに拠点があるFIFAマスターで36歳で修士号を取得しています。元プロサッカー選手として実績を残した上に、海外留学で視座とスキルを高めることは、その後のキャリアを飛躍させる可能性があります。それは、この2名が今の日本サッカー界でシニアマネジメントレベルの要職を務めるところからも明らかです。

彼らの他にも、元女子サッカー日本代表であり、オリンピック・リヨンなどの海外でもプレーした実績を持つ大滝麻未《あみ》さんは、2014年に25歳で一度現役を引退し、2017年に28歳でFIFAマスターで修士号を取得しています。大滝さんはその後29歳で現役復帰をし、2023年に33歳で引退を表明しました。私の身近なところを見ても、２００４～２００８年までかつてジェフユナイテッド市原・千葉でプレーした金東秀《きんとんす》さんが、カリフォルニア大学サンディエゴ校で学位を取得しています。

海外留学は誰にでも選択可能なオプションではありませんが、挑戦する価値や見返りは大きいと思います。

ここまでさまざまなネクストキャリアのオプションや、多くの元プロサッカー選手の事例を挙げてきました。共著者の小野が取材し、元プロサッカー選手を含むアスリートのネクストキャリア事例をまとめたwithnews（朝日新聞社）の連載※には、この章で挙げた多くの選手のインタビュー記事が掲載されています。自分の文脈に当てはまる事例が見つかればネクストキャリアのヒントになるはずです。

※withnewsの連載

Ｊリーグが用意するキャリア支援を知ろう

第３章の最後に、ＪリーグとＪＰＦＡが提供するキャリアサポートについて紹介します。**Ｊリーグ加盟クラブ所属でプロ契約の選手であれば誰でもサポートを受けることができます**が、フルに活用している選手は少ないと思います。ここではそのサポート内容に加え、キャリアサポートの設立過程や変遷《へんせん》も知ることで、プロサッカー選手のキャリアにおいて何が課題となってきたのか、その理解も深めたいと思います。

１９９３年に開幕したJリーグは、それまでアマチュアだった選手をプロサッカー選手にしました。その副産物として、プロサッカー選手の現役引退後のキャリア問題が徐々に認識されるようになります。

今でこそ**「ダブルキャリア」「デュアルキャリア」**などキャリアに関するさまざまなコンセプトが知られるようになりましたが、当時は**「セカンドキャリア」**という言葉が頻繁に使われていました。そしてそれは「引退後に職がない」「生きる目的を見失う」などネガティブなイメージを想起させることが多かったと感じます。セカンドキャリア（second career）は和製英語であり、日本人の感覚をよく反映している言葉だと思います。プロサッカー選手というファーストキャリアがあり、そこで一度キャリアは終わり、新たなセカンドキャリアが始まるという感覚です。

本書では**「ネクストキャリア」**という言葉を使っており、その理由は第2章で述べたとおり、**「サッカーを通じて培った人としてのアセット（資産）はその後の人生でも運用できる」「競技現役とその後のキャリアは、それぞれのキャリアの山が2つあるのではなく、ひとつの道でつながっている」**というイメージを大切にしたいからです。

Ｊリーグ開幕から3年後の１９９６年には、選手の労働組合的な組織であるＪリーグ選手協会（２０１０年に組織名を「日本プロサッカー選手会：ＪＰＦＡ」に変更）が設立しています。初代会長は、ヴェルディ川崎でプレーし日本代表のキャプテンも務めた経験がある柱谷哲二さんでした。

そして２００２年には、Ｊリーグキャリアサポートセンター（ＣＳＣ）が設立されています。選手のキャリアに特化した事業を展開したのは、ＣＳＣが日本スポーツ界初と言って過言ではありません。そのぐらい画期的な取り組みでした。

ＣＳＣの具体的なサポートには「就職情報の提供」「語学やＰＣ講習などのスキル取得のための助成金制度（80％程度の費用を助成）」「インターンシップ機会の提供」「就学支援」などがありました。また、Ｊリーグ合同トライアウトをＪリーグ選手協会と協働で始めた実績もあります。

しかし、２００２年に設立したＣＳＣは、２０１０年にはその舵を**現役選手／引退後の元選手の「キャリアサポート」から、アカデミー選手を対象とした「キャリアデザイン教育」に大きくシフト**しました。そして、その数年後に解散しています。

ＣＳＣが解散した理由のひとつは、選手の参加率の低さだと言われています。ＣＳＣは引退を決めた選手のみならず、現役選手にも門戸を開いていました。しかしその扉を叩くのは、キャリアに対する意識の高い、ごく一部の選手のみでした。そうして、現役選手や引退選手をサポートするよりも、アカデミー世代に職業観を醸成するほうが効果的という結論が導き出されました。

そしてCSC廃止後の2013年には、人材教育・キャリアデザインチームがJリーグ内に立ち上がり、ここで**キャリア事業の軸が育成年代に移行**します。2019年には、Jリーグは2030フットボールビジョンを発表し、Project DNA※を開始しています。その中で、人材育成に関しては**「世界で最も人が育つリーグ」**をスローガンに掲げています。キャリア事業に関してはアカデミー教育事業の一環として実施されています。

ちなみに、就職情報の提供、スキル取得のための助成金制度、インターンシップ機会、就学支援などは、JリーグとJPFAが今でも実施しています。中層〜下層リーグにいる選手でもこれらの制度は活用可能です。

ネクストキャリアに関して自身で考え抜くのにプラスして、サポート制度を活用するのもひとつの手です。この点、本書で取り上げている奥井諒選手の事例（143ページ）は参考になります。奥井選手は、海外でのプレーや将来的にGMになるというビジョンを描いており、そのために助成金制度を活用して英語を継続的に勉強しています。

Jリーグのキャリア事業の変遷をながめると、プロサッカー選手のキャリアに関し

※Project DNA
Jリーグが2019年に立ち上げ推進する育成重点施策。選手と指導者の発掘／育成をよりシステマティックにおこない、ワールドクラスの選手を輩出することを最大の目標としている。

て重要な示唆があります。当初はプロサッカー選手を引退した人／する人を対象にキャリアサポートをおこなっていたわけですが、それでは対症療法です。サッカー以外にやりたいこと／やれることを一切考えたことがない選手が「仕事がないのでとりあえず助けてください」と相談に来ても、効果的な介入が難しかったことが窺えます。

元プロサッカー選手の中には、現役引退後にアルバイトをして食いつなぐ人や、生活が立ちゆかなくなり犯罪行為に手を染めてしまう人もいます。これらは結果的にサッカーにネガティブなイメージを植えつけ、サッカーの価値の低下につながります。それはすぐには表面化しないかもしれませんが、中長期的にスポンサー企業、サポーター、競技人口の減少など目に見えるかたちでサッカー界に戻ってきます。

逆にもし**元プロサッカー選手が現役引退後も社会で輝きを放ち活躍するならば、それはサッカーの価値の向上につながり、中長期的にサッカー界にポジティブ**

Jリーグのキャリア事業の変遷

期間	事業の方向性	主なマイルストーンと事業
1993～2009年	**キャリアサポート** 対象：Jリーグを離れる選手	1993年：Jリーグ開幕 1996年：Jリーグ選手協会（現：日本プロサッカー選手会）設立 2002年：Jリーグキャリアサポートセンター設立
2010～2018年	**キャリアデザイン** 対象：若手／アカデミー選手	2010年：Jリーグ版よのなか科設立 2013年：人材教育・キャリアデザインチーム設立
2019年～	**ワンキャリア** （サッカーを通じて人間として成長するプロセスのデザイン） 対象：若手／アカデミー選手	2019年：Project DNA始動

※Jリーグ公式サイトをもとに阿部作成

な効果をもたらすわけです。

Jリーグがキャリア事業を継続的に実施する理由はここにあると思います。一方で、今までサッカー以外のことを考えたことがなかった、または考えることを避けていた選手たちに対するキャリアの処方箋《せん》は、選択肢が限られています。故に、キャリアサポートからキャリアデザインというアプローチに切り替え、引退したプロサッカー選手や現役選手ではなく、プロになる前の育成年代から「働く目的」「譲れないもの」「価値観」などのキャリア観を醸成することが必要だったのです。

では、プロサッカー選手になった後で自身のキャリアについて考えるのでは遅いのかというと、必ずしもそうではありません。現役生活を送りながら、第3章で述べたように、**プロとしてサッカーをする理由を一度突き詰めて考える**ことが大切です。サッカーを通じて社会にどんな価値を届けたいのか真剣に考える機会を持てば、おのずとネクストキャリアの輪郭《りんかく》が見えてきます。

一度このマインドセットを持つことができたならば、プロとして上を目指すこと自体に、人生のレッスンが凝縮されていることにも気がつくはずです。サッカーをすることで人間としての成長が意図的に促されるならば、プロとして上を目指した時間は、人生において唯一無二の経験になるはずです。これは第6章で詳しく触れたいと思います。

キャリアを考えるチェックシート

□ 以下について理解できたか？

✓ 現役後のキャリアの選択肢（サッカー関連／サッカー以外）

✓ アクセス可能なサポート（J リーグ／選手会 ......etc）

✓ 日本の雇用慣習（学歴を重視した新卒一括採用／メンバーシップ型／長期雇用を前提とした年功序列 ......etc）

□ 現役後のキャリアが気になって目の前のサッカーに打ち込めない／目の前のサッカーに集中しすぎて先々のことを考えられない状況に陥っていないか？

□ ネクストキャリアのロールモデルはいるか？

□ 周りにキャリアに関して話ができる相談相手はいるか？

□ 次の職につながる可能性があるコネクションは何か？

□ 指導者の道に進む場合、最終的にどんな着地点を目指すか？　具体的なビジョンは何か？

□ サッカーでの経歴が外れたとき、自分の人材としての魅力は何か？　目指す進路のために学位・資格・スキルなど身につける必要があるのは何か？

ネクストキャリアに役立つ10年単位の人生設計

10年後の理想の自分と今の自分とのギャップを明確にできるフレームワークを紹介する。単純だが自分の人生を見直すのに役立ち、筆者は今でも定期的にアップデートしている。

	今の自分	10年後の自分
職業		・どんなプロフェッショナルになりたいか？
スキル		・どんなスキルを身につけたいか？ ・どんなことができるようになりたいか？
お金		・いくらぐらい稼いでいたいか？ ・どんな資産を持っていたいか？
家族		・自分の家族を築きたいか？ ・家族とどんな関係性でいたいか？
居住地		・どこに住んで、どんな生活をしていたいか？ ・日本か海外か？
社会との関わり		・職業以外で、どんなかたちで社会と関わっていたいか？ ・ライフワークとして進めたいプロジェクトはあるか？
趣味		・どんな趣味を持っていたいか？
悩み		・どんなことで悩んでいたいか？

プロ1年目から英語学習を継続 海外の大学院進学の先に見据える ネクストキャリアとは

Ryo Okui

奥井諒（33）

12年間のJリーガー人生で、通算288試合に出場し、9得点を挙げた奥井諒は、「学び続けるサッカー選手」だ。プロサッカー選手の労働組合「JPFA」のキャリア支援制度を利用して英会話を学び、外国人選手と積極的に英語でコミュニケーションを取る。引退後のビジョンを明確に持つ奥井は、その夢を叶えるべく、昔も今も努力を惜しまない。

（取材日：2023年11月24日／写真：本人提供）

母親に繰り返し言われた「本は読みなさい」

奥井諒は地元大阪のサッカー名門校、履正社高校在学中にU－17日本代表に選ばれていた。けれども、Jリーグチームからの声はかからず、卒業後は早稲田大学に進学した。

本書第2章の「『高卒』か『大卒』か、どちらでプロを目指すべきか?」でも触れたが、プロサッカー選手になる上でのパスウェイには答えがない。その上で、奥井は大学進学においてプラスになった点を、取捨選択をするスキルと、人との出会いだと振り返る。

「高校までとの相違点は、自分で時間をマネジメントする必要があること。自分にベクトルを向けて、今の自分には何が必要かを考え、行動しなきゃいけない。優先順位をつける力は、大学時代に身につきました」

また、人との出会いについては、「知り合う人たちの〝幅〟がすごく広がった」と話す。

「在籍していたときの早稲田大学のア式蹴球部は、一般入試で入った人が6割で、僕みたいにAO入試やスポーツ推薦で入ってくる人たちが4割ほどでした。高校まで、勉強を極めている人と関わることが正直あまりなかったので、バックグラウンドが違う彼らと話したり、異なった価値観に触れたりすることで、人間としての幅がすごく広がったかなと感じます」

そうした大学生活を送るなかでも、サッカーの優先順位は最上位であり「プロ選手になること以外考えていなかった」と振り返る。大学時代は、食生活の管理を徹底し、当時付き合っていた現在の妻とのデートにも「トレーニングをしていた」という理由で平気で1時間以上遅刻し、謝りもしなかったという。

「妻には、今でも当時の自分勝手な行動に文句を言われます（苦笑）。自分でも、だいぶ狂っていたなと」

プロサッカー選手になることを希求していた大学時代、サッカー以外で習慣にしていたのが読書だった。きっかけは、母親から「本は読みなさい」「本は読めるようになりなさい」と繰り返し言われたことだった。

「毎月の仕送りの中に本が入っていました。初めて入っていたのは、福岡伸一さ

奥井諒 Ryo Okui

1990年、大阪府生まれ。高校時代にU-17日本代表に選出。履正社高校から早稲田大学に進学し、卒業後の2012年にヴィッセル神戸（J1）に入団。2016年から2019年に大宮アルディージャ（J1）、2020年から2021年に清水エスパルス（J1）、2022年から2023年にV・ファーレン長崎（J2）に所属し、2024年1月に栃木シティFC（JFL）に移籍。ポジションはMF、DF。

興味のあることにはフットワーク軽く足を運ぶ。本書著者の阿部が勤務するマレーシア・クアラルンプールにあるＡＦＣ（アジアサッカー連盟）を訪れたことも＝本人提供

んの『動的平衡』。思わず、『いや、読書初心者には無理やろ！』ってひとりでツッコミをしてしまいました（笑）。母親に伝えたのは、『本は読むから、自分で選ばせて』でしたね」

今では趣味が読書だ。

「周りのサッカー選手と比べても、僕より本を読む選手にはあまり会ったことがありません」

1日20分は英語を話す時間をつくった

就職活動をせずに迎えた大学4年生時の10月、J1ヴィッセル神戸から声がかかった。晴れて念願のJ1リーガーとなった1年目の頃を、「自己研鑽をする余裕はまったくなかった」と振り返る。それでも唯一サッカー以外で時間を費やしていたのが、英語の勉強だった。

「海外でサッカーをすることにも興味が

あったので、逆算して考えたとき、英語を話せることは間違いなくアドバンテージになると考えていました」

Jリーガーになって知ったのは、プロサッカー選手の労働組合「日本プロサッカー選手会（JPFA）」から、キャリア支援の一環として英会話の受講や指導者ライセンス取得の際に補助金が出ることだった。

「その制度を知ったとき、使わないともったいないと思いました。当時は20万円を上限に、総額の8割をJPFAが負担してくれました。僕は英会話を受講したのですが、英語を話す日本人の先生と1対1でカフェにて話すレッスンを受けていました」

その後もオンラインレッスンなどで勉強を継続するなか、英語力が飛躍的に伸びたのはヴィッセル神戸から移籍した大宮アルディージャ時代だったと振り返る。チームにいた外国人選手や外国人の

大宮アルディージャ時代、スウェーデン出身のロビン・シモヴィッチ選手と＝本人提供

通訳スタッフに積極的に英語で話しかけた。

「チームにロビン・シモヴィッチ選手がやってきたのですが、彼の性格が好きで、もっとコミュニケーションを取りたいと思い、なるべく英語で話すようにしました。当時いた日英通訳のスタッフにも、僕には英語で話しかけてくれと伝えて、1日20分は英語を話す時間をつくっていました」

「この経験を通して、英語を臆せず話せるようになりました。客観的に自分の英語を評価してみようと一昨年に初めてTOEICの模擬テストを受けてみたら、思いのほか点数が取れなくて。悔しかったのですが、英語を話すことと、社会的に英語力が評価されるのとでは違うことを実感しました。その後受けたTOEICでは750点を取りました。最近では、IELTS(イギリス発祥の英語テスト)の勉強も始めています」

サッカークラブ経営に携わるためのビジョン

その後に清水エスパルスを経て移籍したV・ファーレン長崎を、2023年に退団。2024年1月からJFL所属の栃木シティFCに入団し、12年間のJリーガーのキャリアにひとまずピリオドを打った。契約更新に至らなかったのは、怪我による試合欠場が続いたことが要因で、「想定内だった」と言う。

33歳で、かつ、膝に痛みを抱える奥井にとって、海外でプレーをする夢は現実的ではなくなりつつある。それでも英語を勉強し続ける理由は、引退後のネクストキャリアでサッカークラブの運営や経営を担当するフロント業務に関心があるからだ。

20代半ばで興味を持ち始めたきっかけは、クラブ経営において、フロント業務を担当するGM(ジェネラルマネージャー)の存在が大きいと感じたことだった。その一方で、「もっとこうしたらよいのでは」と思う機会も少なからずあった。その課題感を解決する糸口を探すために、現在は海外も含めて大学院進学を視野に入れている。

「マネジメントを学ばなくても、将来フロントの仕事に就くことは可能だと思っています。でも、そうすると自分ができる仕事は限られてくると思っていて。自分の武器を見つけてからこの世界に行かないと、各クラブが抱える課題を根本的に解消できず現状を変えられないと思っています」

今の時点で描くビジョンは、35歳前後まで現役を続け、半年勉強をしてから海外の大学院に進学し、40歳前後でサッカークラブの経営に携わることだ。

「自分がやりがいを持って生きることは、子どもたちにも良い影響を与えられるのではと思っています。目標を持って、それに向かってトライし、学び続けられる人になりたいと常に思っています」

奥井は３人の息子（７歳、４歳、２歳）の父親でもある＝本人提供

第5章

女子サッカー界の実情とロールモデル

2011年にW杯で優勝したなでしこジャパン。2021年には国内初のプロリーグも創設され、盛り上がりを見せる女子サッカーですが、まだまだ男子サッカーに比べて環境面での課題は多いのが現実です。

出産をはじめとした女子選手ならではの不安や、選手みずからの声で少しずつ環境を変えてきた歴史、ネクストキャリアの参考になるロールモデルまで、本章では「女子サッカー」に特化して紹介していきます。

プロリーグ創設後も残る課題

この章では、女子選手のキャリアに特化して触れてみたいと思います。

本書は、主に「プロサッカーのリアルにいる選手」に〝道しるべ〟となる内容を主軸としていて、そこに男女差はないのが前提です。その上で、この章を担当した筆者（小野ヒデコ）は、記者としてアスリートのキャリア・ネクストキャリアを6年ほど取材するなかで感じてきたことがあります。それは、**男子選手に比べて女子選手のほうが、競技における環境や待遇がまだまだ発展途上にある**現実です。

近年まで国内女子サッカーの最高峰は、アマチュアリーグ「なでしこリーグ」でした。社会人選手の多くは日中に仕事をし、夕方から練習をし、土日は試合、シーズン中は合宿や海外遠征もあるといったスケジュールのなかで競技を続けています。2011年にフランスW杯で優勝したなでしこジャパンの選手たちでさえ、同じ状況でした。

そんななか、2021年に国内初の女子プロリーグ「WE《ウィー》リーグ」が創設され、競技に専念できる環境ができたことは、女子サッカー界の転機になりました。初代WEリーグチェアの岡島喜久子さんは『Yogibo WEリーグ オフィシャルガイドブック2021-22』の中で、プロ化の意義のひとつを「選手の生活ルーティンの変化」と述べています。以下、抜粋します。

これまでなでしこリーグでプレーしていた選手の多くは、仕事をしながら空いた時間で練習に取り組んでいました。（中略）それがＷＥリーグになり、多くの選手がプロ契約を結ぶことで、自分を磨き上げる時間を確保できるようになるのです。

実際、私が話を聞かせてもらった、元ジェフユナイテッド市原・千葉レディースの選手で、現在はマイナビ仙台レディースの清水栞《しおり》選手は、なでしこリーガーからＷＥリーガーになりました。プロ転向を決めた理由をこう話していました。

「まさか、自分が本当にプロサッカー選手になれる日が来るとは思っていなかったというのが正直なところですが、（プロになることに）迷いはなかったです。実際プロになって、練習時間以外のトレーニングや体をケアする時間、それに、食事をつくる面でも余裕が持てるようになりました。アマチュア時代は本当に時間がなくて、〝手抜きご飯〟を取ることも結構多かったんです。でもプロになって、体に気をつけて食べるものを考えられるゆとりが生まれました」

清水選手のように、ＷＥリーグ発足にともないスカウトを受けてプロになった選手もいれば、所属するチームのプロ化が決まったことでプロになった選手もいるはずです。その点について、現WEリーグチェアの髙田春奈さんは、ウェブメディア「REAL SPORTS」のインタビュー記事※でこう答えています。

> 私が危機感を抱いているのは、プロとアマチュアだとどのような違いがあるかを、当事者の選手たちが自覚してプロの道を選ぶことが足りていないのではないかということです。単純に自分が所属していたチームがWEリーグに参入することになったから、必然的にプロになって中には「将来が不安だから仕事を続けたい」という人もいると思います。
>
> その違いが何なのかを選手たちに考える時間をもっと与えて、自分で自分の人生を決められるようにしてあげたかったな、と思いますね。最初の時にそれができなかったことでメンタルをやられてしまったり、サッカーをやめてしまった選手もいたと思います。そのようなことを考えるきっかけを与えることの方が、セカンドキャリアのために準備させる場所を設けることよりも大事だと私は思います。

競技面では集中してサッカーに取り組む環境を得られる一方で、ケガやスランプに陥った場合に戦力外通告を受ける＝無職になるリスクや、引退後のキャリアにおいて**「30歳・初企業勤めの壁」**もあります。その点に男女差はないにせよ、同じ「プロ選手」

※高田春奈さんインタビュー記事

としてのキャリアにおいて、**30年の歴史のある「Ｊリーグ」と、２０２１年に設立された国内初の女子プロリーグ「ＷＥリーグ」とを同レベルで考えるのは難しい**と感じています。その違いを３つの観点から見てみたいと思います。

男子リーグとの違いを知る３つの観点

１つ目は、**競技人口**です。

選手登録の第１種（主に社会人・大学生）～第４種（主に小学生）のデータの中に女子も含まれますが、それぞれ少数であるため、これらは第１章と同様に「男子競技者数の近似値」として考えたいと思います。それらと別で、次ページのグラフには女子カテゴリー（12歳以上の女子選手のみで構成されるチーム）登録者数も入れています。

女子カテゴリー登録者数は、２０１３年に初の３万人超えを記録しましたが、近年は2万7000～2万8000人台で推移しています。２０１１年以降に女性の競技人口が増えたのは、なでしこジャパンのＷ杯優勝が関係していると考えられます。

ＷＥリーグ創設初年度には２７３人のプロ選手が誕生しました。２０２２年度は40人増えて３１３人に。２０２３年度は新たにセレッソ大阪がリーグに加入したため、さらにプロ契約数は増えているはずです。

それでも、**女子カテゴリー登録者数は全年代を合計しても、男子の第１種だけの競技者数よりずっと少ない**ことがグラフからわかります。女子より競技者がはるかに多い男子はそれだけ倍率が高く、実際に取材を重ねるたびにＪリーガーになることがどれほど大変かを痛感しています。それでも、男子はＪ１～Ｊ３とプロ選手になる間口が広がっていることは第１章で述べたとおりです。

２つ目は、**給与面**です。

ＷＥリーグとＪリーグ（契約制度改定前）の相違点として、ＷＥリーグでは最低年俸を２７０万円と定めていることが挙げられます。第３章末のインタビュー記事で紹介した星野圭佑さんのような「０円プロ選手」は実質いませんが、**世界基準と比較すると低い**のが現状です。例えば、アメリカの女子プロリーグ（ＮＷＳＬ）の最低年俸は３万５０００ＵＳドル（日本円に換算すると

選手登録カテゴリーごとの競技者数の比較

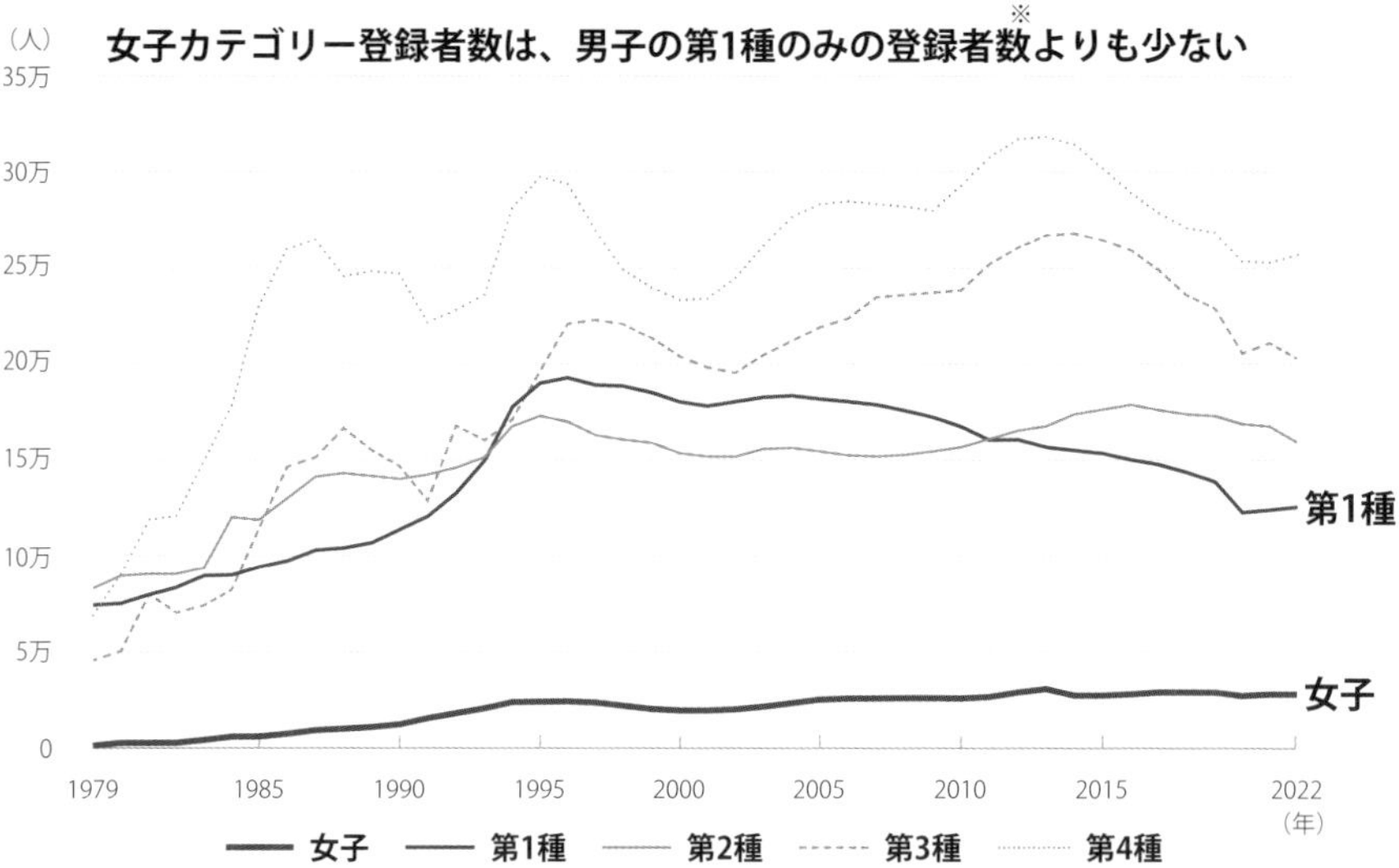

※第1種～第4種登録者に関して、正確にはここに女子選手も含まれるが、少数であるため男子登録者数の近似値として扱っている
※日本サッカー協会「サッカー選手登録数」をもとに小野作成 https://www.jfa.jp/about_jfa/organization/databox/player.html

550万円前後）と The Sporting News は報じています。
　A契約の場合は初年度以降は上限が設けられていません。WEリーグ2年目には、初年度リーグで優勝したINAC神戸から年俸1000万円プレーヤーが初めて誕生※しました。それでも**男子Jリーガーの平均年俸が3000万円台（日本人選手に限っても2000万円台）であることや、トップ・オブ・トップの中には1億円プレーヤーが存在する現実と比較すると、大きな乖離《かいり》があります。**

　3つ目は**試合入場者数**です。

　WEリーグによる「WEリーグ年度別入場者数」のデータによると、**年間平均で1000人を下回るチームもあります。全体的な入場者数は、男子J3の試合入場者数と同等、もしくはそれ以下です。**試合チケット販売数の伸び悩みは、クラブチームの収入に直結します。試合入場者数と選手の収入は相関関係にあるため、クラブとしても一概に年俸を上げられなかったり、最低条件の270万円を出せずプロ選手を増やせない要因になっていると考えられます。

　これらの現状から、女子プロ選手はJ1と同等ではなく、男子のJ2ないしJ3選手と状況が似ており、プロになっても経済面やその後のキャリアにおいて安泰ではない「プロサッカーのリアルにいる選手」だと定義できると考えます。

※**年俸1000万円プレーヤーの誕生**
ウェブメディア「REAL SPORTS」の記事より。選手名は非公表。

女子中学生競技人口が圧倒的に少ない現状

女子サッカーの現状としてもうひとつ特記すべき点は、**女子中学生の競技人口が圧倒的に少ない**現状です。

その背景には、女子小学生のサッカー競技人口が少なく、小学校までは女子は男子に混ざってサッカーをしているケースが多いことがあります。しかし、思春期に入ると男女の体格差が顕著になり、女子が男子チームの中でプレーをするのは危険がともなうため、男女混合の練習はなくなっていきます。そして**中学では「女子サッカー部」自体が全国的に少なく、女子中学生が日常的にサッカーを続けられる環境が乏しい**のが現状です。

WEリーグ入場者数（2022-23／2023-24）――1試合平均1,000人を下回ることも

チーム	2022-23 試合数	2022-23 入場者数	2022-23 1試合平均	2023-24 試合数	2023-24 入場者数	2023-24 1試合平均
マイナビ仙台レディース	10	17,974人	1,797人	11	20,935人	1,903人
三菱重工浦和レッズレディース	10	23,796人	2,380人	11	26,921人	2,447人
大宮アルディージャVENTUS	10	16,402人	1,640人	11	19,789人	1,799人
ちふれASエルフェン埼玉	10	12,113人	1,211人	11	10,648人	968人
ジェフ千葉レディース	10	9,093人	909人	11	9,582人	871人
日テレ・東京ベレーザ	10	13,773人	1,377人	11	14,943人	1,358人
ノジマステラ相模原	10	9,232人	923人	11	9,954人	905人
AC長野パルセイロ・レディース	10	10,832人	1,083人	11	11,571人	1,052人
アルビレックス新潟レディース	10	8,095人	810人	11	19,377人	1,762人
セレッソ大阪ヤンマーレディース	-	-	-	11	28,355人	2,578人
INAC神戸レオネッサ	10	21,940人	2,194人	11	21,940人	2,194人
サンフレッチェ広島レジーナ	10	10,891人	1,089人	11	31,980人	2,907人
合計	110	154,141人	1,401人	132	227,377人	1,723人

※WE LEAGUE Data Site「年度別入場者数推移」をもとに小野作成
https://data.weleague.jp/SFTD12/search?competitionFrameName=WE%E3%83%AA%E3%83%BC%E3%82%B0&teamFlag=1&page=&startCompetitionYear=2022&endCompetitionYear=2023&competitionFrame=70

公益財団法人日本中学校体育連盟によると、２０２３年度の「加盟校・加盟生徒数調査集計表」では、**全国の中学校１万２０８校のうち、女子サッカー部があるのは１６４校**でした。都道府県によっては女子サッカー部がある中学校はとても少なく、東北地方では0校、北海道と中部地方では各1校のみとの統計が出ています。通学する学校に女子サッカー部がない場合は、男子サッカー部に混ざってサッカーをするケースもあるようです。

この現状を踏まえて、10年以上女子サッカーの指導に当たっている手塚大介さんはこう話します。

「U‐12の女子選手が所属している男子チームのスタッフが、U‐15女子クラブの存在を知らない、わかっていないという現状があり、進路選択を狭めていると感じることもあります」

手塚さんは現在、東京都内の小金井市を拠点に活動する女子中学生チーム・FCベルタをはじめ、都立高校の女子サッカー部、4地域のトレセン（U‐12）でもコーチを務めています。U‐15の各クラブでは、SNSやU‐12との交流などで女子チームの存在を知ってもらう努力をしていると言います。

「今後は、女子選手、女子チームに向けてだけではなく、U‐12男子チームに対しても発信していくことが、女子の競技人口の維持、増加につながるのではと思っています」

そう話す手塚さんは、**学校の垣根を超えた「拠点校」**という取り組みにも注目していると言います。その一例で、東京都江東区は2009年度に「区立中学校女子サッカー部」を設立。**「教育委員会と中学校とが連携した取り組みであり、区立中学校に在籍していれば誰でも入部できる拠点校方式の部活動」**との紹介が、江東区のHPに掲載されています。

画期的な試みである一方、教職員の負担の大きさや、拠点となる中学校への移動時間がかかったり、各学校の規定が異なることで生じる課題の声も耳にしたことがあると手塚さんは言います。

「そういったハードルはあるのが現実ですが、総合的に見ると良い取り組みだと思っています。『クラブチームへの参加の敷居は高いけれど、部活動なら』と思う生徒は少なくないと思うので、こうした地域ぐるみでの活動がこれからも増えていったらいいなと思います」

プロキャリアへの不安は女性のほうが大きい？

女子選手がプロになるパスウェイは、基本は第2章で紹介したものと同じです。ＷＥリーグ下部組織のユースチームからトップチームに昇格していくステップが軸になりますが、**女子の場合は高校サッカーが盛り上がりを見せています。**

全国高等学校体育連盟の統計によると、２００８年には女子サッカー部がある学校は３９４校、部員は７１６４人だったのが、２０２３年には６８１校、９７５１人に増えていることがわかります。２０２３年には10年ぶりに競技人数１万人を下回りましたが、学校数は前年比マイナス６校にとどまっています。

ただ、男子と比較すると差は歴然です。２０２３年の男子サッカー部のある学校は３８８４校、競技人数は14万７０８６人で、競技人口は女子の約15倍にのぼります。

高校女子サッカー人口は増えているものの、「競技志向の人はひと握りというのが肌感覚です」と前出の手塚さんは言います。

全国高校の女子サッカー部／部員登録数の推移（全日制＋定時制）

年	校数	人数	年	校数	人数
2008年	**394校**	**7,164人**	2016年	615校	11,018人
2009年	474校	8,119人	2017年	605校	10,951人
2010年	465校	7,878人	2018年	626校	11,193人
2011年	482校	8,234人	2019年	667校	10,991人
2012年	490校	9,154人	2020年	668校	10,569人
2013年	535校	9,147人	2021年	671校	10,714人
2014年	567校	10,058人	2022年	687校	10,570人
2015年	602校	10,472人	2023年	**681校**	**9,751人**

※全国高等学校体育連盟「【統計資料】」をもとに小野作成 https://www.zen-koutairen.com/f_regist.html

数値だけ見ると、男性のほうがプロになる競争率が高く厳しいように見えますが、現状はそう単純ではないと思います。

大前提として、最初から「サッカーを職業にして食べてはいけない」と考える層は一定数います。それは男性でも当てはまることですが、取材を通して、**高校卒業や大学卒業時をひとつの区切りとしてサッカーを離れる選手は女性に多い印象**を受けます。10代のサッカー競技者に長年関わっている手塚さんも、同様の見解でした。

WEリーグができ、これから女子選手の地位を向上していく機運が高まってくる過渡期です。そのなかで、「プロになるなんて」と潜在的に自分に制限をかけてしまっている人は競技志向にはならないため、そもそもプロへのスタートラインに立っていないのではないでしょうか。

それは男子選手も同様ではないかと思うかもしれませんが、学生／社会人アスリートのキャリアを支援するNPO法人Shape the Dreamが興味深いアンケートをとっています。高校生と大学生のアスリート1360人（40競技）からの回答によると、**「卒業後や将来のキャリア不安」について、不安を感じる男性が62％に対して女性は76％と、10％以上高い統計が出ています。**

同団体代表の白木栄次さんは、女子学生が感じる不安の中身の一例をこう話します。

「大学卒業後も競技を続けたい気持ちがあるものの、**現在のスポーツ界において、結**

婚、出産、育児というライフイベントを経験した女性アスリートがほとんどいない現実に不安を抱く声が寄せられています。また、『幼少の頃から競技ばかりで引退後のキャリアに自信がない』との声は男女共通してありますが、**自己肯定感の低さは男性よりも女性アスリートのほうが顕著**だと感じます」

本業としては別で外資系コンサルティング会社に勤務する白木さん。社内では、女性管理職の比率を50％にする目標が掲げられていると話します。

「社会全体でも女性活躍推進が謳《うた》われ、ビジネス界でのキャリア環境は徐々に変化しつつあると感じています。でもスポーツ界のほうは、それよりも20〜30年遅れている印象です。女性アスリートがキャリアに向き合える環境は必要だなと感じています」

プロへの道は、現役時も引退後のキャリア面でも、安定が保証されません。先ほどのデータは学生の声ですが、社会人になっても同じ感覚を持つ女性は少なくないと思います。物事をよりシビアに、より現実的に考えると、プロ選手になることのリスクを考えてしまうのかもしれません。**これからの活躍が期待されていたり、あと一歩でA代表になれるポジションにいたりしても、あっさり現役引退をしてしまう女子サッカー選手を見かけることがあります。**その背景には、心理的な壁がある可能性もあると考えられます。

心理的な壁を抱えながらもサッカーを職業にしている女子選手たちもいることは、留意すべき点だと思います。

女子選手が「プロになる」よりも重視しがちなこと

「サッカーは定性的なスポーツ」と話してくれたのは、元なでしこリーガーで、現在はフットサル選手としてバルドラール浦安ラス・ボニータスに所属する筏井《いかだい》りさ選手です。筏井選手は小学校からサッカーを始め、29歳でサッカー選手としては現役を引退し、フットサル選手に転向しました。

「定性的なスポーツ」というのは、**競技スキルの向上や成長は自分で計算して起こせるものではなく、指導者やチームメイトによる数字では測れない環境要因が大きい**ということです。どのスポーツにおいてもその要因は少なからずあるなか、女子選手は特に〝つながり〟を重視する傾向があると言います。

「周りを見ていても、やりたいところでサッカーをする人が多いです。それが結果的にWEリーグだったりなでしこリーグだったりするので、プロリーグとアマチュアリーグの垣根を超えて選手が循環することも。ＷＥリーグ引退後になでしこリーグでプレーをする人もいるのは、女子ならではかもしれません」

そして経済面においては、**女子選手のほとんどは仕事をしながらサッカーをしてきた**背景があります。ＷＥリーグでは現在最高年俸が１０００万円前後のなか、「ＪリーガーみたいにＩ『稼ぐぞ』とギラギラしているＷＥリーガーはほとんど見たことがないですね。海外リーグを目指す人はまた別かもしれませんが」と筏井選手は語ります。

お金ではなく、つながりややりがいに重きを置くのが女子選手の特徴であるため、Ｊリーガーのように現役時代の貯金で引退後に何か事業をしたり、誰かを雇ってビジネスを始めたりすることはかなり難しいのではと筏井選手は言います。

「その分、**女子はより現役時代の経験を活かしていく必要がある**と思います。反対に、そうしていかないと引退後は厳しいと思います」

ＷＥリーグはまだ歴史が浅く、プロサッカー選手を志す女性全員が「プロとはどういうものなのか」の明確なイメージを持っているとは言えないのではと思います。**好きなサッカーができることを目的に置くか、世界で戦うことを目的に置くかでは、進む方向性が変わってきます。**

そのなかで、サッカーのエリート教育をしている「ＪＦＡアカデミー福島」の取り組みを紹介したいと思います。

競技スキルだけでなく「ライフスキル」も育むＪＦＡアカデミー福島

ＪＦＡの中には、**「ＪＦＡアカデミー」**という全寮制のエリート選手教育・養成機関があります。「世界トップ10を目指した個の育成」「世界基準を日常に」をキーワードにしていて、現在国内では４つの地域で設立されています。

その中でも歴史が最も長いＪＦＡアカデミー福島は２００５年に開校。女子は中学1年生から高校3年生までが対象となっています。**全ＪＦＡアカデミーの中で、卒業後の進路において最も実績を上げているのが福島の女子選手たち**です。

1期生の菅澤優衣香《ゆいか》選手はなでしこリーガーからA代表に選出されたり、4期生の守屋都弥《みやび》選手や8期生の遠藤純選手は２０２３年Ｗ杯で日本代表として活躍したり、11期生で現在21歳の石川璃音《りおん》選手は18歳でプロになって２０２３年Ｗ杯代表に選出されたりなど、枚挙にいとまがありません。

現在、ＪＦＡアカデミー福島の女子統括ダイレクター／女子Ｕ-18監督を務める山口隆文さんは、「生徒はプロ意識が高いです。ＷＥリーグ設立により、さらに意識が高くなりました」と言います。

そんなＪＦＡアカデミー福島では、５年ほど前から**全学年を対象にした「ライフスキル」の授業**を月１で開催しているとのこと。「男だから、女だからといった区別はしていませんが、男女で職業観は異なると思います。そのため、まずは現実を知ることから始めています」と山口さん。

プロになれる確率はどれくらいか。そして、仮にプロになれたとして、税金や国民年金の金額、ＷＥリーガーの最低年収２７０万円の場合の手取り額、一人暮らしをする場合の生活費はどれくらいか。

それらを生徒たちに自分で調べさせ、発表させる機会も設けているそうです。その上で、各生徒がどういう進路をたどるのがベストかを指導していると山口さんは言います。

プロになるとはどういうことか、そして自分はどういった選手になりたいか――競技スキル面だけではなく、ひとりのサッカー選手としてどう生きていきたいかについて考えることも、プロ選手を目指す上で必要な要素です。ＪＦＡアカデミー福島の取り組みは、これからプロを目指す人にとって参考になるのではないでしょうか。

国内プロスポーツで初！
WEリーグが試験導入したキャリア支援「PDP」とは？

ＪＦＡアカデミーは、教育の一環として人生計画を考える機会を設けていますが、WEリーグは設立当時から選手のキャリア支援にも力を入れています。開幕当時から総合人材サービスのパーソルホールディングス株式会社が協賛に入っていて、２期目の２０２２‐２０２３シーズンでは同社協力のもと、**PDP（Player Development Program）**を試験的に導入しています。PDPについて、WEリーグが公表する資料から抜粋します。

PDPは、国際プロサッカー選手会（FIFPRO）が推奨する、アスリートをさまざまな角度でサポートするシステムです。サッカーに限らず、ラグビーなど世界の各競技の選手会がトップレベルの現役選手に提供しているサポートプログラムであり、選手のメンタルヘルスの向上、Well-being、引退後のキャリア支援を目的とした取り組みです。

国内のプロスポーツにおいては初の試みとなるPDPに関心を持ち、選手会女子支部での試験的な導入を先導したのが、ＪＰＦＡ（日本プロサッカー選手会）事務局の松

田典子さんです。ＰＤＰが活発に導入されているオーストラリアの事例を聞き、リーグの名称“Women Empowerment（ウィメン・エンパワーメント）”の頭文字が意味するＷＥ（私たち全員）が主人公として活躍できる社会を目指す方向性と、マッチしていると感じたことが動機のひとつになったそうです。

ＰＤＰへの参加希望者を募ったところ、初年度は石淵萌実《もえみ》選手（アルビレックス新潟レディース）と水谷《みずたに》有希《ゆうき》選手（三菱重工浦和レッズレディース）をはじめとする４名の選手が立候補をしました。

ＰＤＰでは、**ＰＤＭ（Player Development Manager）**と呼ばれる伴走者と二人三脚で進めていきます。石淵選手と水谷選手のＰＤＭを務めたのはパーソルキャリアの松橋いとさんでした。

サッカーだけではなくスポーツ分野との関わりがなかった松橋さんを選んだことについて、松田さんはパーソルグループのオウンドメディア「Touch! PERSOL」でのインタビュー※にて次のように話しています。

サッカー選手の周りには多くのサッカー関係者がおり、中には利害関係が絡む方もいます。サッカーとつながりがある方だと、選手が話すことに躊躇する、気を遣ってしまうといった可能性があると思い、「サッカーとまったく関係ない」というところにこだわって選定することにしました。

※松田典子さんインタビュー記事

また、石渕選手と水谷選手は、受講後の感想を同メディアにてこう話しています。

（石渕選手）

選手引退後のキャリアを〝別もの〟と考えて、30歳すぎてから一般企業に入ると考えたら、何かしなきゃならない気がするし、それって恐怖でしかない。でも、今、本気で取り組んでいることが武器になる。選手として活かしているものが次のステージでも有効に活用できる。すべては同一直線上にある。そう、明確になったのは、私にとって、とても意義深いことでした。

（水谷選手）

自分の思考や行動パターン、それに合わせたコミュニケーションの取り方を知ることは、プレーヤーとして役立つだけでなく、指導者としても大切なスキル。今、日常でも〝コミュニケーションの取り方〟を意識しながら過ごしています。

今回はパイロット版ということもあり、希望する選手は少数だったようですが、受講した2選手の満足度は高い結果となっているのがわかります。

「選手に無理なく参加してもらう」「オンラインや対面など個人に合わせたサポートをする」「プライバシーの完全保証」の３点を前提に、選手一人ひとりにＰＤＭの担当者をつけ、いつでも、どんなことでも相談できる体制を目指しているのがＰＤＰです。

　ＰＤＰは国内のプロスポーツではＷＥリーグが初めて導入しました。他競技では、日本ラグビーフットボールの選手会も以前から注目をしています。２０１９年にはメンタルヘルスに関する啓発活動の一環として「誰もがよわさをさらけ出せて、よわさを受け容れられる社会へ」をビジョンに掲げた「よわいはつよいプロジェクト」が発足しています。

　国内全般において、ＰＤＰという言葉や概要の認知度はまだ低いですが、現役／引退したアスリートの視野と可能性を広げてくれる要素だと私は感じます。ＷＥリーグがその先駆者とし

PLAYER DEVELOPMENT PROGRAM（PDP）

アスリートを現役中から様々な角度でサポートするシステム
（主なサポート内容：メンタルヘルスに配慮したカウンセリング、スキルアップサポート、引退後の進路に向けた相談、コネクション作り　など）

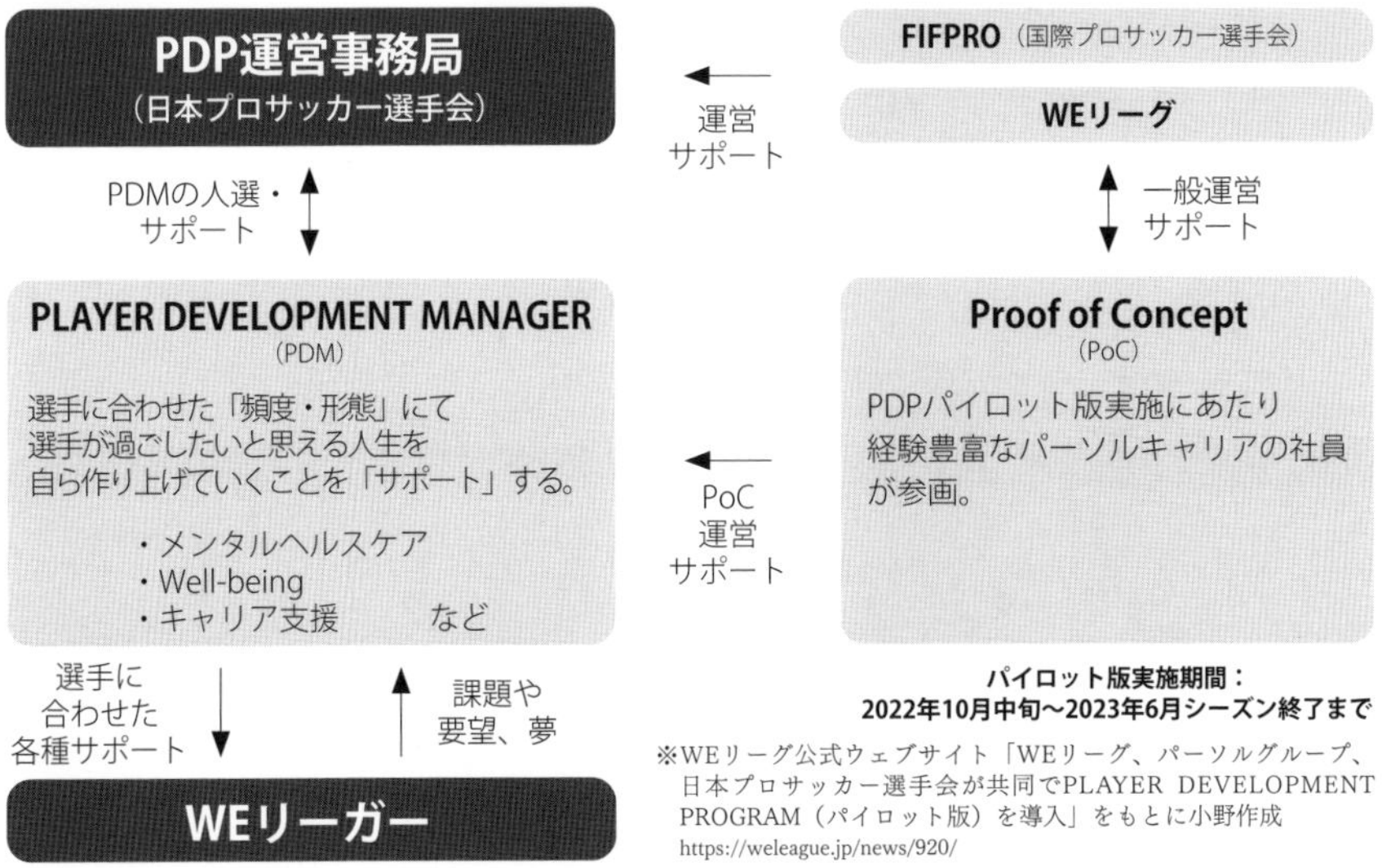

※WEリーグ公式ウェブサイト「WEリーグ、パーソルグループ、日本プロサッカー選手会が共同でPLAYER DEVELOPMENT PROGRAM（パイロット版）を導入」をもとに小野作成
https://weleague.jp/news/920/

て実績を出すことで、将来、Ｊリーグや他競技にも良い影響を及ぼす存在になっていくかもしれません。

選手みずからの声が待遇を変えてきた

前章で出てきた**「ＪＰＦＡ」**や**「ＦＩＦＰＲＯ」**について、特に女子サッカーにおいて果たしてきた役割について説明したいと思います。

１９９６年に設立された**ＪＰＦＡ（日本プロサッカー選手会）は、プロ選手とＪリーグ（現在はＷＥリーグも含む）の地位向上や待遇改善を目的に活動をしている〝プロサッカー選手の労働組合〟**です。労働組合とは、「労働者が団結して、賃金や労働時間などの労働条件の改善を図るためにつくる団体※」と説明されています。

ＪＰＦＡには、国内のサッカークラブに所属する一部の外国人を含むプロ選手と、海外のクラブチームに所属する日本人プロ選手が加入しています。現在会長を務めているのは、７代目となる吉田麻也選手（ロサンゼルス・ギャラクシー）です。２０２３年６月26日には都内で記者発表会を開き、「ＡＢＣ契約の見直し」を訴えたことが注目を集め、実際に２０２６シーズンからの契約制度改定が発表されたことは、第３章

※**労働組合**
厚生労働省ＨＰより。

で紹介したとおりです。

プロサッカー選手は個人事業主のため後ろ盾がありません。例えば**パワハラやセクハラを受けた場合に相談できる場所**のひとつとして、ＪＰＦＡは選手の味方となる組織です。ＷＥリーグが創設されてからは**「ＪＰＦＡ女子支部」**が新設され、初の女性理事兼ＪＰＦＡ副会長を有吉佐織選手（アルビレックス新潟レディース）が務めています。

ＦＩＦＰＲＯ（国際プロサッカー選手会）はその名のとおり、プロサッカー選手の世界的な選手会です。１９６５年にフランス・パリで設立され、現在はオランダ・ホーフトドルプに本部があり、現時点では66の国と地域が加盟しています。

ＦＩＦＰＲＯの主な活動は、**各国のプロサッカー選手と各国の選手会の声を集約し、各選手の労働（プレー）環境と全体的な健康面の改善に努める**ことです。労働環境とは、給与、契約内容、健康と安全をはじめ、自己啓発や仲裁（争い事が起きた際、公正・独立した第三者があいだに入り、解決を図ること）なども含まれます。

直近では、２０２３年にオーストラリアとニュージーランドで開催された女子Ｗ杯において、**賞金額の増額をＦＩＦＡと交渉**したのがＦＩＦＰＲＯです。過去の賞金総額を見ると、２０１８年の男子Ｗ杯は約4億ドルだったのに対して、２０１９年の女子Ｗ杯では３０００万ドルでした。ＦＩＦＰＲＯが男女間の賞金の格差是正を訴えた結果、２０１９年大会の３０００万ドルから、２０２３年大会では約4倍増の1億１０００万ドルになりました。

また、同W杯の期間中ＦＩＦＰＲＯは、ＦＩＦＡと開発したＡＩ活用のソーシャルメディア保護サービス「Social Media Protection Service」（ＳＭＰＳ）を活用し、Ｘ（旧Twitter）、Instagram、Facebook、TikTok、YouTubeなどの**オンライン上での女性選手への誹謗《ひぼう》中傷について調査**をしています。そのレポートによると、選手、監督、チームに対しての６５１８件の誹謗中傷コメントをブロックしたとのこと。このように時代の流れに対応し、サッカー選手をはじめとする関係者を守る働きかけをするのがＦＩＦＰＲＯの役割のひとつです。

ＦＩＦＰＲＯにおいて、アジア人初の職員として働いているのは辻翔子さんです。２０２２年2月に就任してから、各国の選手会や代表選手とやり取りをする渉外担当として従事し、現在はＦＩＦＰＲＯアジア／オセアニアの事務総長として活動しています。

これまでＪＰＦＡでは、ＦＩＦＰＲＯとのやり取りに英語が必要でした。辻さんがＦＩＦＰＲＯに入ってからは、ＦＩＦＰＲＯ（辻さん）とＪＰＦＡ事務局女子担当（松田典子さん）となでしこジャパン（日本女子代表主将の熊谷紗希選手）の連携が上手くいっていると辻さんは言います。

その一例として、２０２３年に開催された女子サッカーの国際親善大会

※**カナダ男子代表との格差**
ロイター通信によると、カナダ女子代表は２０２１年の東京五輪の優勝国にもかかわらず、同年にカナダ・サッカー協会が費やした女子の予算は男子の半分だった。

※**アクティビズム**
社会的、政治的変化を求めるアクション。

「SheBelieves Cup（シービリーブスカップ）」での出来事が挙げられます。**カナダ男子代表との給与・待遇の格差※是正**を訴えたカナダ女子代表への連携を示すべく、ジェンダー平等を表す紫のリストバンドをつけて各国代表が大会に出場する動きがあり、なでしこジャパンもその活動に賛同しました。

そのときのことを、辻さんはこう振り返ります。

「**アクティビズム※としてリストバンドをつけることは、欧米や南米の選手に比べてアジアの選手は馴染みが薄い**のが現状です。日本にもこの活動に賛同してもらいたいと思い、ＪＰＦＡの松田さんと熊谷選手に打診をしました。合宿中だったにもかかわらず、熊谷選手は監督と選手のあいだに入って調整をしてくれました。今では松田さんと熊谷選手とのＬＩＮＥグループもあるので、こうした大きな話題から些細《ささい》な相談事まで、お互い密に連絡を取り合うことができています」

世界と日本のサッカー組織関係図

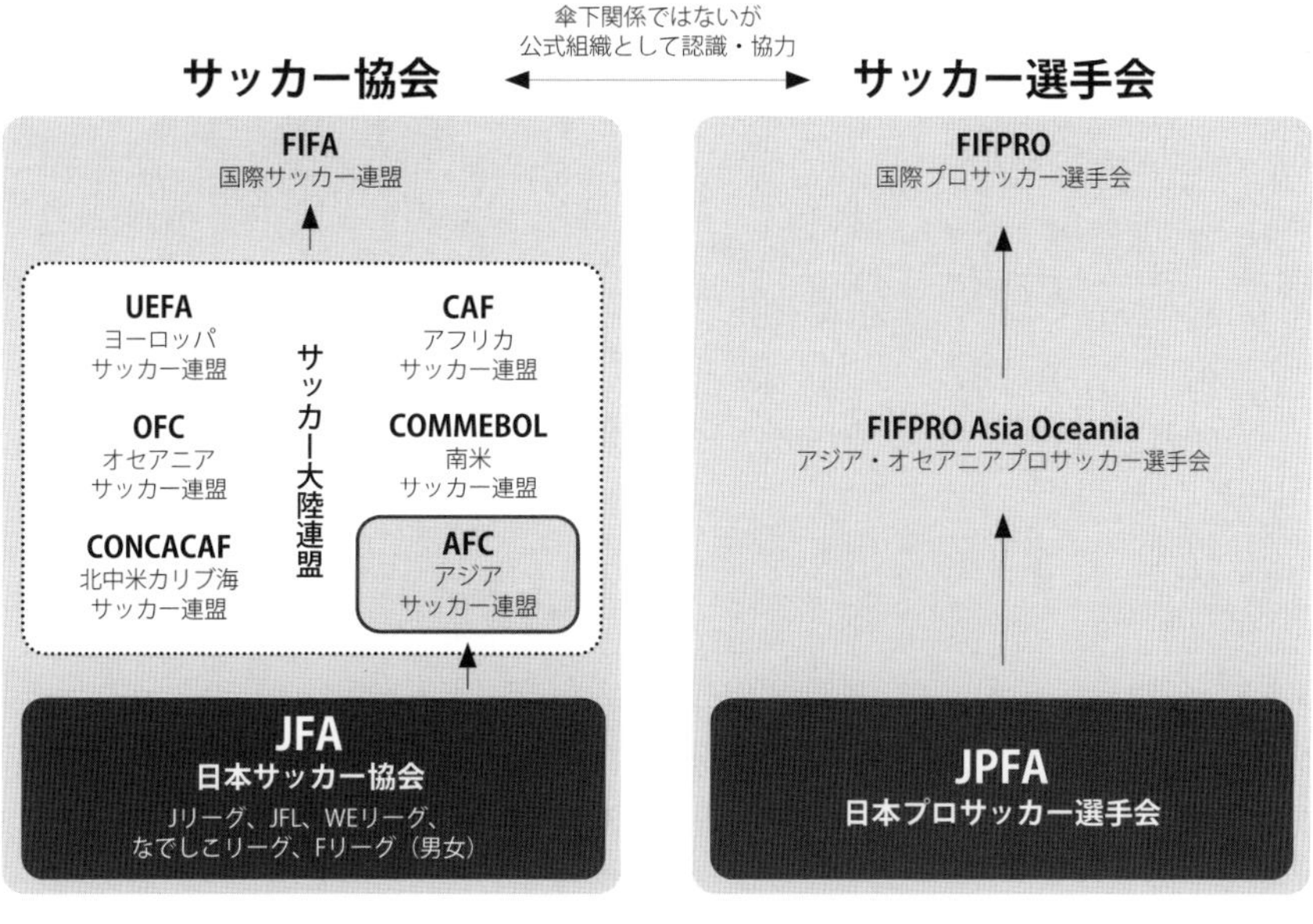

そうしたやり取りの中で、女子選手のネクストキャリアの話をすることもあるそうです。松田さんと話した内容を辻さんが教えてくれました。

「現時点のＷＥリーガーには元なでしこリーガーが多く、最近まで働いていた選手はまだ結構いるそうです。中には、**ＷＥリーガーになっても社会との接点をキープするために仕事を続けている選手もいる**と聞いています。これから女子のプロ選手が増えていくにつれ、働いたことがない人や、自分が働いているイメージを持てない選手が増えることが心配だと松田さんは言われていました。ＪＰＦＡとしても、今後どうやってサッカー以外の社会との接点をつくるかが課題のひとつだと捉えているようです。ＰＤＰも試験的に導入されていますが、『今は大丈夫でも、何かあったときに頼れる安心材料』として捉えてもらうのがよいのではと思います」

海外の選手とも接点のある辻さんは、**海外の女子選手の特徴として、社会的な課題感を持ち、それらのトピックに関して発信したり活動したりしている**ことが挙げられると言います。

「今は変わってきたかもしれませんが、**日本ではアスリートたちは『競技に集中しろ』**

という目線を向けられることが多いと感じています。海外の女子選手たちは、競技以外のことにも関心を持ち、ＳＮＳなどで発信することに価値を置いているように思います。それらの発信を通じて、ファンやＳＮＳフォロワー、スポンサー、メディアなどの人に、アスリートではない側面、考え方や人間性を伝えることも意識的にしていると感じます」

私もこれまでの取材を通し、「現役中は競技に集中しろ」という圧力を感じてきたと話す選手に会う機会は少なくありませんでした。競技によって、試合時間や練習時間は異なります。**自由時間が多い競技の場合は、積極的に学びを得たり、人に会いに行ったりすることで、世界が広がる**と感じます。その結果、引退後のキャリアの選択肢も広がっていくはずです。

女子プロサッカー選手のネクストキャリア――自分で自分の価値を下げない意識を

職業観において一般的に男女間で差があるように、**サッカーのネクストキャリアにおいても女子選手と男子選手とで異なる点があります。**第4章で「サッカー関連」と

「サッカー以外」とで分けて紹介したネクストキャリア例が役立つことは変わりないですが、さらに女子選手に特化したキャリアについて考えたいと思います。

　この章の冒頭で〝女子選手＝プロサッカーのリアルにいる選手〟だと述べましたが、収入面や環境面をはじめ、国内の女子サッカー界では大なり小なりの課題が顕在しているのが現状です。そのなかで女子選手の拠り所となっているのが**「なでしこケア」**、通称**「なでケア」**です。発起人は、元日本代表選手で、２０２３年に現役を引退した大滝麻未さん。２０１９年に熊谷紗希選手（ＡＳローマ）と近賀《きんが》ゆかり選手（サンフレッチェ広島レジーナ）とともになでケアを設立した背景には、主に「プロ意識の欠如」と「キャリア形成」の2点の課題感があったと大滝さんは振り返ります。

「私が気になっていたのは、**『女子サッカーなんて』**や**『私なんて』といった、自分で自分の価値を下げる発言をする女子選手が多い**現実でした。それは謙虚さとも言えますが、特になでしこリーガーはトップリーグで活躍する選手としての自覚をもっと持つ必要があると思ったんです。当時、もうすぐ女子プロリーグが誕生することを聞いていました。女子サッカーを盛り上げていくのは女子選手自身です。選手のマインドセットを変えていかないといけないと思いました」

　そしてキャリア形成においては、**「自分はサッカーしかしてこなかったから」と口**

にする選手がとても多いことを感じていた大滝さん。20～30年間、一途に好きなことをしてきた結果、キャリアの面では「何も残らなかった」というのはすごくもったいないと言います。

「サッカーをしてきたからこそできたこと／身につけられたことはたくさんあるはずなのに、そこに目が行かずに、就職した人と比較をしてできないことや劣っている点ばかりを意識してしまう。その結果、『自分には何もない』と思ってしまう選手が多い印象です。そうした選手の意識を変えたいと思い、なでケア設立後は当時のなでしこリーガーたち全体に告知をしました。なでケアの存在自体を知っている選手は多いと思いますし、今ではＷＥリーグと課題感を共有しています」

なでケアでは、女子サッカーの普及、オンラインを中心とした社会活動、キャリアビルディングなどの活動を展開しています。

「何かをやらなきゃいけないとわかっているのに、アクションを起こせなかったり、自分ひとりでは結論を出せなかったりする女子選手が多いと感じています。不特定多数のマスに対して呼びかけても反応は薄くなってしまうので、１対１でサポートする『メンター・メンティー制度』などが有効だと考えます。現状は、各選手がキャリア形成の第一歩を踏み出すプラットフォームとして機能しています。組織の運営やイベントに参加することで、選手たちが新しい経験を積む場にもなっています。今後は、それぞれのニーズに寄り添ったオーダーメイドのキャリア支援の導入を検討していきたいと考えています」

この5年での変化としては、WEリーグ設立により、女子選手のプロ意識は高くなっていると感じているそう。その上で、**「プロ意識をどこまでピッチの外にも広げていけるかが重要」**と大滝さんは言います。

「サッカーをする対価として報酬を得ていることはどの選手も理解していると思いますが、**自分自身のファンを増やすことや、所属するチームの地元などの地域に目を向けることもアスリートとして大切な仕事**です。キャリア形成においては、仕事にこだわらず、まずは何かをやってみることが大事。なでケアではひと

なでケアの「オンラインお悩み相談室」

プロ選手をはじめ、女子サッカーに関わる人であれば誰でも相談可能

対象	・女子サッカーチーム（クラブ/部活動）に所属するすべての女の子 ・女子サッカーの育成に関わるすべての人（指導者・クラブスタッフ・ご家族）
相談内容	・サッカーの活動中に起こった問題（セクハラ・暴力・言葉の暴力・いじめ・嫌がらせ） ・女の子特有の身体の問題（生理など） ・その他、サッカー活動に影響するような行為
想い	・みんなが困ったときに、安心して相談できる場所を作りたい ・サッカー活動を通じて辛い経験をしたり、トラウマを抱える女の子を一人でも減らしたい ・セクハラをはじめとする、女子サッカーを取り巻く「ハラスメント問題」を無くしたい ・大好きなサッカーに心配なく取り組める環境づくりに貢献したい

※なでケアHP「オンラインお悩み相談室」をもとに小野作成 https://nadecare.jp/assistant-service/

りでも多くの選手と向き合いたいですが、マンパワー的に多くはできないのが現状です。最終的には、自分で一歩を踏み出し、自分の意思で動いていってほしい。**あらゆる活動が選手のキャリア構築につながる**と考えているので、その機会や環境をなでケアとして提供し続けていきたいと思っています」

ロールモデルを探そう――出産後に復帰した選手もいる

私はこれまでの取材から、現在アラフォー以上の女子選手の多くは、競技と競技以外の仕事、結婚、出産などがトレードオフになる環境で生きてきたと感じています。特に、出産を経て再びオリンピック出場などを目指す選手は、ごく少数だと言えます。前出のNPO法人Ｓｈａｐｅ ｔｈｅ Ｄｒｅａｍの白木さんから聞いたように、**「女子学生が、結婚、出産、育児のライフイベントを経験したロールモデルとなる選手を見つけにくい」**のが現実だと思います。

そのなかで、一般社団法人ＭＡＮ（Mama Athletes Network）は、女性特有のライフイベントと競技の両立を図る女性アスリートたちが運営、参画している団体です。２０２３年３月には、毎日新聞と共同調査をした「ママアスリートに聞いてみた！」で、トップ選手の妊娠・出産にまつわるデータを公表しています。

賛同アスリートのひとりでもある**元日本代表でＷＥリーガーの岩清水梓《あずさ》選手**（**日テレ・東京ヴェルディベレーザ**）**は、第一子を出産後に復帰したパイオニア的存在**です。なでケアの大滝さんも、第一子を出産後に復帰し、２０２３年に引退するまでジェフユナイテッド市原・千葉レディースでプレーをしていました。

その岩清水選手と、出産後の選手で初めて日本代表選手に選ばれた宮本ともみさん（現・なでしこジャパンコーチ）の対談を「ＡＥＲＡ」（２０２４年６月３日号）で担当した際、印象深いやり取りがありました。

宮本さんは、この20年で既婚者の女性アスリートが増えてきたことに触れる一方で、「出産後の復帰は一筋縄ではいかない」と言っていました。それは、**出産後の本人の体調はもちろん、子どもの性質やトレーニング環境などが異なるからで、一概に「出産後も現役復帰」とは言えない**のが現実とのことでした。その点について、岩清水選手も同意し、妊娠、出産にまつわる悩みは、競技を超えて女性アスリートの誰しもが直面し得ることだと語っていました。

ＷＥリーグ発足時、「女子プロサッカー選手の契約、登録および移籍に関する規則」が新設されました。男子プロサッカーにおける現行の規則からの主な変更点は、ＷＥリーグ公式サイトのプレスリリース※（２０２０年11月19日）に記載されています。その中では、「女性特有の事情（妊娠・出産）への配慮」の項目が追記されています。

社会全体で働き方が多様化し、子育てとの両立を社会が後押しする時代に変わりつ

※ＷＥリーグプレスリリース

つあります。女性アスリートの環境も変わりつつある過渡期にあるなかで、自身にとって最適な選択肢を選べることが大切なのではと私は感じています。

引退後のキャリア形成におけるロールモデルとして、ＪＦＡが提供しているコンテンツ**「サッカー×キャリア×未来～ Your Life with Football ～」**※では、サッカー界で仕事をする20名の元女子選手のネクストキャリア（セカンドキャリア）を紹介しています。サッカー界で仕事をしたいと考える人にとっては、具体的なキャリアのイメージを持つヒントになり得るのではないでしょうか。

また、引退後のネクストキャリアについて私が取材をした元女子サッカー選手のキャリアの例として、３名の事例を紹介します。

１人目は、当時なでしこリーグの浦和レッズレディース、岡山湯郷Ｂｅｌｌｅ、オルカ鴨川ＦＣに所属し、２０１２年のＵ-20女子Ｗ杯ではキャプテンを務めた藤田のぞみさん。

引退後、以前から興味があったブログやウェブサイトを制作するソフトや、画像・動画編集のソフトを独学で学び始め、ＩＴ企業「タイムカプセル」に所属。一人前のウェブエンジニアになるために、１日8時間×週5日で集中的に学び、入社から2か月目には業務に携わっていたそうです。そのことについて、**「アスリートが競技に**

※サッカー×キャリア×未来
～Your Life with Football～

向き合う上で培った集中力は、プログラミングなどの新しいスキルの習得にも活かせる可能性があると思います」と言います。

現在は、世界各国を旅しながらウェブエンジニアとして仕事をしています。

2人目は、マイナビベガルダ仙台レディース（当時なでしこリーグ）に所属し、2018年のU‐20女子W杯で日本代表として優勝を経験した鈴木あぐりさん。

引退後、もともと所属していた総合情報サービスのマイナビの社内面接を経てアスリートキャリア事業部に異動し、キャリアアドバイザーの仕事に携わりました。当時感じたのは、**アスリートは競技生活が中心になるため、自分の社会的な立ち位置を客観視することに不慣れ**な現実でした。そして、**競技以外の人と関わる機会が少ない**こと。

元アスリートの鈴木さんだからこそ共感、理解できることがあり、選手たちに寄り添い、向き合うことを心がけていたと言います。

3人目は、日体大FIELDS横浜（当時なでしこ1部、現在なでしこ2部の日体大SMG横浜）でキャプテンを務めた嶋田千秋さん。

現在は、かつて自身が所属していた日テレ・東京ヴェルディのジュニアチーム「メニーナ」のコーチに就任し、中高生の若手選手の指導に当たっています。引退後、漠然とサッカーに関する仕事がしたいと考えていた矢先、東京ヴェルディアカデミーダイレクターであり恩師でもある寺谷真弓さんから声がかかったと言います。二つ返事で快諾し、契約を結びました。

コーチという職も選手と同様、実績を出さないと解雇になるシビアな世界です。その点については、「今は与えられたものを頑張るだけ」だと嶋田さんは言います。

その他、**レフェリーの領域でキャリアを築くサッカー経験者**もいます。元審判員の山岸佐知子さんは、２０００～２０１５年まで国内外のリーグでレフェリーを務めました。ＡＦＣ（アジアサッカー連盟）が主催する「ＡＦＣアニュアルアワード」で、山岸さんは「年間最優秀レフェリー（女子）」を通算５回受賞しています。

そして現役レフェリーの山下良美さんは、「初記録」を何度もつくり上げている立役者のひとりです。２０２１年にＪリーグ初の女性主審、２０２２年のＷ杯では同大会史上初の女性主審３名の中に選出され、２０２４年１月のＡＦＣアジアカップでも大会初の女性主審を務めました。男子サッカーにおける女性レフェリーの割合はまだ少ないですが、サッカー経験者にとっては馴染みのある職業と言えるのではないでしょうか。

さらに、キャリアの選択肢として**男子サッカーでのプレーを選んだ事例**もあります。

元なでしこジャパンの永里優季選手（現在、アメリカの女子サッカープロリーグＮＷＳＬの「ヒューストン・ダッシュ」に所属）は、２０２０年9～12月までの3か月間、神奈川県2部リーグの男子チーム「はやぶさイレブン」に期限付き移籍をした経験があります。当時の記者発表会では、「男性女性の違和感は感じていません」と語っていました。パススピードやフィジカル面での差はあるものの、「適応していく楽しさを感じている」とポジティブに捉えている印象でした。

「女子中学生競技人口が圧倒的に少ない現状」のパートでは、中学生以降は男女の体格差がある点を述べましたが、永里選手のレベルになると、経験やスキルで体格・スピードの課題を克服し得るようです。

世界的にジェンダーの平等が叫ばれる今、**サッカーの課題や未来が男女の枠を超えて考えられる**変化が起きつつあります。今後さらに女子選手のキャリアの幅が広がっていくことを願います。

社会活動とＳＮＳ――ネクストキャリアを拓く競技外の活動

ＷＥリーグが掲げるビジョンのひとつに**「社会事業」**があり、**「スポーツの枠を超えて、さまざまな個人、団体、企業の集まるプラットフォームとなる」**という目標を掲げています。

２０２３シーズンには、具体的なアクションとして**「WE ACTION」**が実施されました。ＷＥ ＡＣＴＩＯＮとは、ＷＥリーグに所属する選手、クラブ、協賛企業、教育機関、メディア、自治体などの機関が協働して、より良い社会の実現や発展に寄与することを目的とした社会事業です。一例として、各チームがホームタウンでのイベントを企画、実施し、地域の人々や学生や子どもたちと積極的に交流する機会をつくっています。この活動は、次章で触れる**ソーシャル・キャピタル（社会関係資本）**の確立にもつながります。

プロアスリートとしての活動を通して得られるものは、目に見えないものも多く含まれます。現役時代に競技内外の経験や体験を通して何を得たのかを本人が自覚し、言語化することが強みになり、その後のキャリアにも役立っていくのではないでしょうか。

また、**現代はSNSの時代**です。競技に関することはもちろん、**競技以外で自身が好きなものや関心があることについて発信をすると、その意外な一面にファンが増えたり、新たなコミュニティが生まれたりする可能性もあります。**

その一例として、前出の筏井選手が取り組む**「SUNNYS」**があります。「競技×●●」を軸に、現役女性アスリートみずからが手掛けた製品を販売するプロジェクトで、例えば三谷《みたに》沙也加選手（AC長野パルセイロ・レディース所属）はヘア美容液をプロデュースしています。自身が紫外線による髪のダメージが気になっていたことが手掛けるきっかけになったそう。その他にも、フットサルの尾田緩奈《かんな》選手（立川アスレティックFCレディース）は、アスリートの〝推し活〟として写真をたくさん撮ってほしいとの気持ちも込めて、外出先で充電ができるモバイルバッテリーをデザインしています。選手にとって競技とは異なる知識や経験値を得る機会にもつながっています。

個人のブランディングがしやすい今、自分に合った発信方法で自己表現をしていくこともひとつの方法です。SNSにはメリットとデメリットの両方がありますが、各SNSの特徴を知ったり、SNSの活用法を学んだりすることも、ゆくゆくはネクストキャリアにつながっていくかもしれません。

キャリアを考えるチェックシート

□ 以下について理解できたか？

✓ 女子リーグ（WE リーグ）と男子リーグ（J リーグ）との違い（競技人口／給与／試合入場者数 ......etc）

✓ 女子中学生がサッカーをする環境は極端に少ないこと

✓ 女子サッカー選手のサポートシステム（JFA アカデミー福島のライフスキル教育／ WE リーグのキャリア支援「PDP」／なでしこケア ......etc）

✓ 女子学生は男子学生より将来に不安を抱きやすい傾向があること

✓ 選手みずからの声で待遇を変えてきた歴史

□ 小学校卒業以降もサッカーを続ける場合、特に中学生年代のプレー環境は身近に存在しているか？

□ サッカーキャリアにおいて重視しているものは何か？　自身の競技志向／プロを目指す想いはどれくらい強いか？

□ サッカーのみでは十分な収入が見込めない場合、別の稼ぎをどのように生み出したいか？

□ プロ生活の続行や引退、ライフイベント（結婚、出産、育児など）、キャリア形成についてどう考えているか？

□「女子サッカーなんて」「私なんて」と自分の価値を下げる思考や発言をしていないか？

□ プレースタイルだけでなく、ライフイベントとの折り合いやキャリアチェンジにおいて参考にしたいロールモデルは誰か？

□ ネクストキャリアにおいて活かしたい自身の強みや好みは何か？

□ チームのホームタウンやファンに向けた取り組み・社会活動として自分にやれそう／やりたいことは何か？

□ サッカー以外の好きなことや関心事は何か？　その内容を SNS で発信する意欲はあるか？

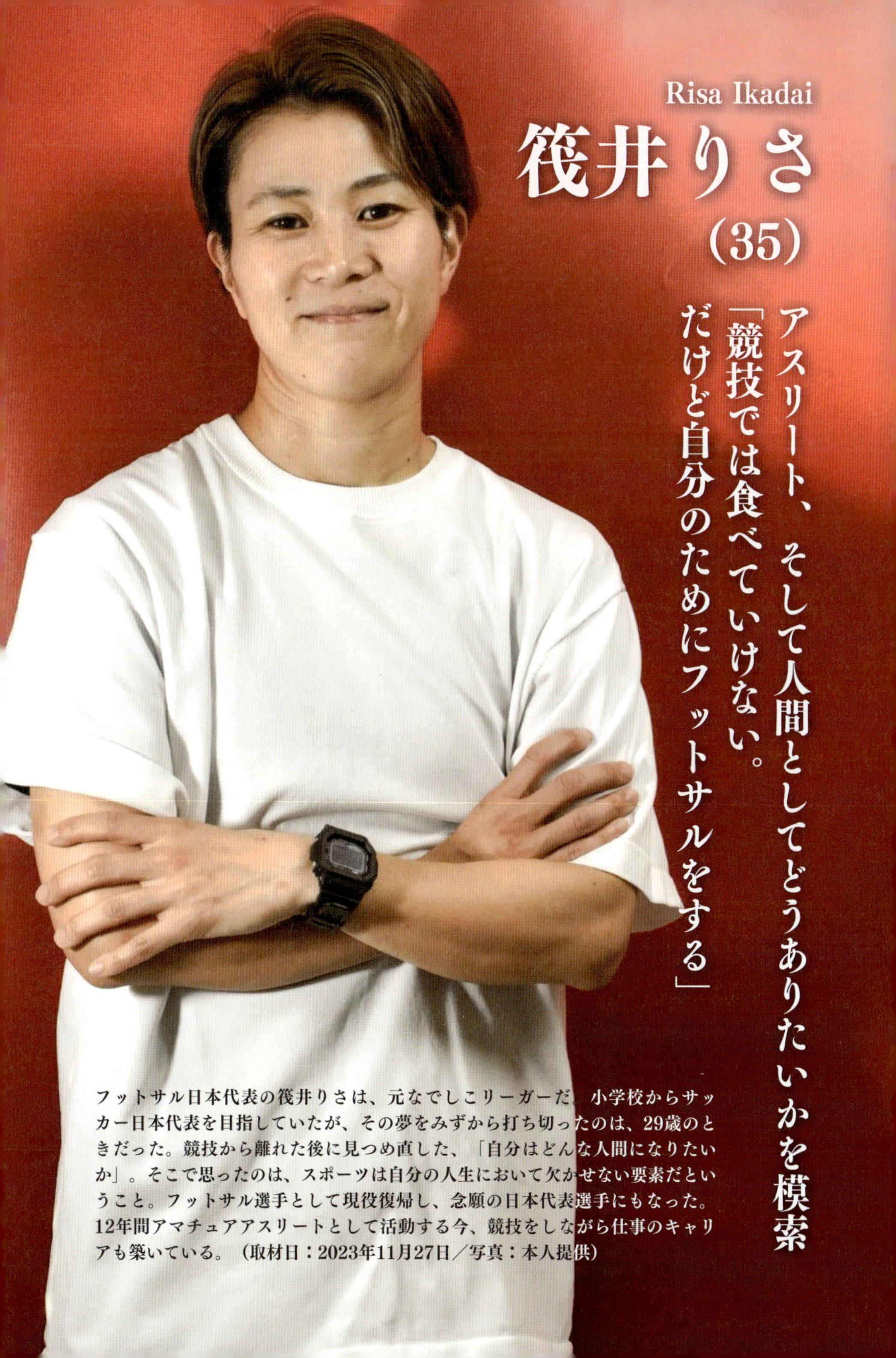

Risa Ikadai

筏井りさ（35）

アスリート、そして人間としてどうありたいかを模索
「競技では食べていけない。だけど自分のためにフットサルをする」

フットサル日本代表の筏井りさは、元なでしこリーガーだ。小学校からサッカー日本代表を目指していたが、その夢をみずから打ち切ったのは、29歳のときだった。競技から離れた後に見つめ直した、「自分はどんな人間になりたいか」。そこで思ったのは、スポーツは自分の人生において欠かせない要素だということ。フットサル選手として現役復帰し、念願の日本代表選手にもなった。12年間アマチュアアスリートとして活動する今、競技をしながら仕事のキャリアも築いている。（取材日：2023年11月27日／写真：本人提供）

両親と約束した大学進学

小学校時代の夢は、サッカー女子日本代表（A代表）になること。

当時、日本代表とは、女子サッカーリーグの最高峰なでしこリーグでプレーし、実績を上げた先にあるものだった。

中学時代は、地元・神奈川の選抜に選ばれ、全国大会優勝を経験したが、強豪クラブの下部組織には入れなかった。

「高校進学のタイミングで、本気で環境を変えたいと思い、親元を離れて鹿児島のサッカー強豪校に進学しました」

そして、全国大会3位、U－17日本女子代表のポジションを獲得。夢にひとつずつ近づいている感覚はあった。その後の進路は大学進学が決まっていた。それは両親との約束だった。

「スポーツをする家系ではなかったので、将来のために勉強しなさいと言われていました。結果的に、大学時代に得た経験や人脈が今の仕事にもつながっているので、本当に行ってよかったと思っています」

歴史に〝if〟はないように、過去は変えられないが、「それでも……」と続ける。

「今のなでしこジャパンの中心になって活躍しているのは、高校年代もしくは高校卒業後にトップリーグでプレーしている選手です。もし、もっと早くトップリーグに入っていたら、競技面では結果が違っていたかもしれません」

「好きなことを続けられていいね！」と言われるが……

大学卒業後は、クラブチームのテストで合格したジェフユナイテッド市原・千葉レディース（現・WEリーグ所属）に入団した。その後大学院に進学したのは、サッカーに専念できる環境を得るためだった。

「周りが働いて稼ぎながらサッカーをしている中で、親に学費を払ってもらい、学生期間を引き延ばすことで競技に集中する機会をもらいました。修士の勉強も、自分がしたトレーニングの分析をしてい

筏井りさ Risa Ikadai

1988年、神奈川県生まれ。中学時代、神奈川選抜選手として全国優勝を果たす。鳳凰高校（鹿児島）卒業後、筑波大学に進学。2013年、筑波大学人間総合科学学術院人間総合科学研究群修了。2011年、ジェフユナイテッド市原・千葉レディース（現・WEリーグ所属）に入団。16年に浦和レッドダイヤモンズレディースに移籍。18年にフットサル選手に転向。埼玉SAICOLOを経て、21年からバルドラール浦安ラス・ボニータスに在籍。日本代表としても活動中。11年から17年までサイデン化学にて正社員として勤務。20年、アスリートのエンジニア集団「SportsTech Lab」に所属。日本サッカー協会（JFA）の社会貢献活動「夢の教室」（通称：ユメセン）事業のアシスタントとしても活動していて、現役・引退したアスリートとともに、全国の小中学校を訪問している。

たので、その2年間は研究を含めてサッカーだけに集中することができました」

修士修了後、千葉レディースのスポンサー企業でもあったサイデン化学に入社した。雇用形態は正社員だ。就職を考えるにあたって、「サッカー選手としての立場をいちばん理解してもらえる環境で仕事をすることがベストと判断しました。職場の皆さんは理解があり、おかげで競技生活に専念できました」と言う。

アマチュア選手の場合、スポンサー企業で働きながら競技をしたり、引退後にスポンサー企業に就職するケースは少なくない。その理由は、筏井が言ったとおり、サッカー選手についての理解があるからだろう。

勤務体制は「時短勤務」だった。夕方から練習があるため、フルタイムで働くことは難しく、また、合宿や海外遠征が入ると、仕事を長期間休まざるを得なくなるため、仕事はおのずと「代替えが利く」内容になる。

月収から家賃や生活費を引くと、経済的にあまり余裕がなかった。

「周りからは『好きなサッカーを続けられていていいね！』と声をかけてもらえるのだけど、『大学院まで出てこの給料はどうなのか』と考えたことも正直あります」

「日本代表になれない」と見切りをつけた

サッカーをやめようとしたこともあったが、28歳のとき、浦和レッドダイヤモンズレディースへの移籍を決断した。新チームでは最年長になり、攻撃的なポジションから守備的なポジションに変更。チーム全体のバランスを取るためのプレーに徹した。環境とチームメイトに恵まれ、生き生きとプレーをしていたが、「自分の実力では日本代表になれない」と思うようになったと振り返る。

見切りをつけ、10代からの夢をみずから打ち切ったのは30歳を目前にしたときだった。

先々のビジョンは決まっていなかったが引退をし、サッカーも仕事もいったんゼロに戻そうと思い、当時勤務していた会社の正社員のポストも手放した。

「硬派な親には『何してんの！』と言われました（苦笑）。そのときは、しばらくボールはもう蹴らないんだろうなって思っていました」

次にすることを考えていた矢先、二つのことを知人から勧められた。そのひとつがフットサルだった。元々興味があったなか、実際にプレーしてみると「超楽しい」と思い、始めることに。

もうひとつは「ユメセン」という仕事だ。ＪＦＡ（日本サッカー協会）の社会貢献活動「夢の教室」の通称で、現役・引退したアスリートとともに、全国の小

なでしこリーグ「浦和レッドダイヤモンズレディース」時代の筏井

中学校を訪問する事業だ。

「ユメセン」では、サッカーの域を超えたさまざまな競技のアスリートたちが、子どもたちに「夢を持つことの大切さ」を問いかける。それを間近で見ているなかで、「今の自分の夢は何か？」を自問するようになった。

「自分はどんな人間になりたいかを見つめ直したとき、何かに挑戦し続けたいと思いました。もう一度ボールを蹴りたいという思いから、いつの間にかもう一度日本代表を目指していきたいという気持ちが芽生えました」

そして、WFリーグ（女子フットサルリーグ）に所属する「さいたまSAICOLO」に入り、いつしか日本代表を目指すようになっていた。

30歳を超えて 念願の日本代表選手に

当時30歳を超えていたため、リーグ内では〝年長者〟である一方、フットサル自体は初心者だった。それでも、女子サッカーのトップリーグで培った足技や体の使い方、リーダーシップを武器にプレーすることで、年間得点王に輝き、さらには念願だった日本代表選手にも選出された。

往年の夢を別のかたちで叶えた後も、選手としてさらなる高みを目指すため、リーグ上位チーム「バルドラール浦安」への移籍を考えた。

「浦安の監督には、今の自分に足りないこと、日本代表として世界で通用するために移籍をしたいこと、そしてその希望が年齢的に可能かを確認しました」

その結果、バルドラール浦安に入団。

現在、チームでも日本代表選手の中でも最年長の枠に入っていることについて、

「おそらく、パフォーマンス面で若手選手と同レベルだったら、若手が間違いなく選ばれると思います」と言う。

「その上で、年長者の自分が選ばれることが、周りへの良い刺激になっているのではと思っています。選ばれるに相応しいパフォーマンスをし、言動すべてにお

いて違いを見せることに、日々こだわっています」

引退後は、しっかり稼いでいきたい

今年、35歳を迎えた筏井は「現役引退のことは、常に頭の片隅にある」と言う。

「アスリートとして、日本代表になる目標は達成しましたが、結局は〝日本代表になって何をするか〟が大事。自分が納得するプレーをし、日本チームが世界で戦えるレベルになることを今の目標としています」

そして2023年10月、2025年に世界初のフットサル女子W杯が開催されることが発表された。

「2年後は、37歳です。コンディションを維持していくことは容易ではない。でも最後の挑戦としてチャレンジしたい」

現在、フリーランスの筏井は、今の働き方が自分に合っていると言う。

「私の場合、会社員だったら何も考えずに目の前の仕事をしていただけかもしれません。さまざまなことに興味を持って行動し、自分の強みであるスポーツをしてきた経験をどのように社会で役立てるか、またこれからのアスリートの環境改善のために何ができるのかを模索するなかで、自分の可能性が広がりました」

練習がない平日日中に、前述した「ユメセン」の

NSDF Women's Futsal Championship 2023にて、フットサル日本女子代表として優勝を経験。
上段右から5番目が筏井＝PANNA-FUTSAL 提供

アシスタントの仕事を軸に、サッカースクールのコーチ、最近では女性アスリートをサポートする「SUNNYS」プロジェクトの企画・運営などにも取り組んでいる。過去にはプログラミングにも挑戦して、WordPressまでは習得し、ＩＴ企業の仕事を請け負ったことも。

これまで、スポーツ選手として、そして仕事との両立において、「別にいいお金をもらってきていないので」というのが正直な気持ちだ。

「その反動で、引退後はしっかりと稼ぎたいなと思っています。そうなれるために今はあらゆることを模索しているところです。ユメセンの仕事を通して、引退したアスリートたちがどのように収入を得て、どう現実を考えているかを間近で見聞きしているので、客観的に物事を見る視点は身についているかもしれません」

スポーツで培ってきた力で稼げるようになりたいと考える筏井。その力は、行動力、根性、コミュニケーション能力、問題解決能力と枚挙にいとまがない。アスリートとして、人間として、どうありたいかを常に考えながら、持ち前の行動力とアグレッシブさを武器に、突き進んでいる。

2023年11月、都内で女性アスリートをサポートする「SUNNYS」のイベントを開催。女子サッカー選手、女子フットサル選手とファンが対面で交流した。右端が筏井＝筆者撮影

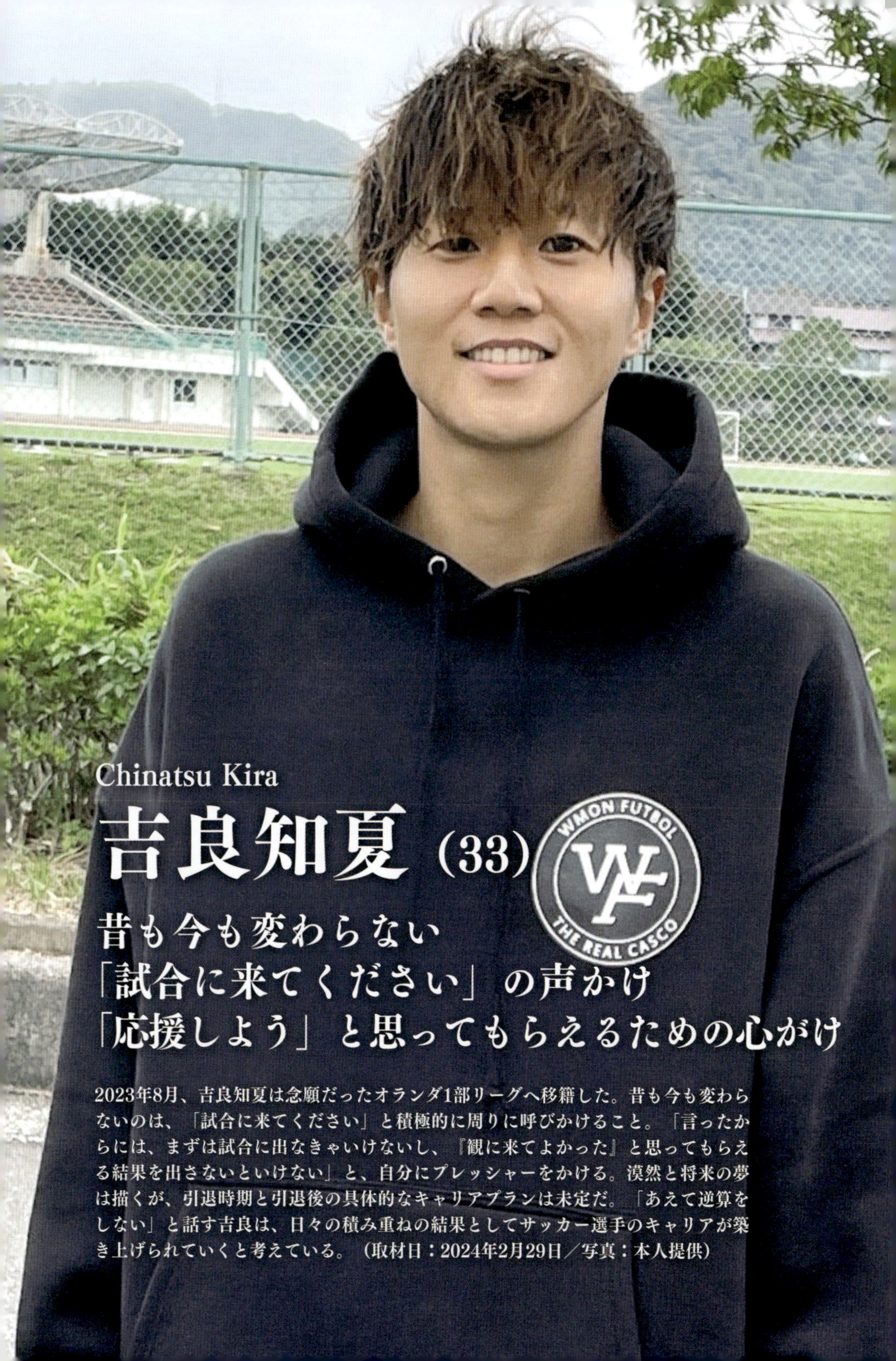

Chinatsu Kira

吉良知夏 (33)

昔も今も変わらない「試合に来てください」の声かけ「応援しよう」と思ってもらえるための心がけ

2023年8月、吉良知夏は念願だったオランダ1部リーグへ移籍した。昔も今も変わらないのは、「試合に来てください」と積極的に周りに呼びかけること。「言ったからには、まずは試合に出なきゃいけないし、『観に来てよかった』と思ってもらえる結果を出さないといけない」と、自分にプレッシャーをかける。漠然と将来の夢は描くが、引退時期と引退後の具体的なキャリアプランは未定だ。「あえて逆算をしない」と話す吉良は、日々の積み重ねの結果としてサッカー選手のキャリアが築き上げられていくと考えている。（取材日：2024年2月29日／写真：本人提供）

残業できないため、無駄な仕事を増やさないよう意識

家族と地元が好きだった。それでも、サッカーを極めるために小学校卒業後は県外の学校への進学を選択した。全寮制の中高一貫校だ。当時はなでしこリーグの存在も、「プロ選手」がどういうものかも知らなかったけれど、好きなサッカーを続けることの延長線上に、「サッカー選手になる」という夢は自然と存在した。

サッカー名門校の神村学園高校時代、FWとしての活躍が評価され、U－17とU－19の日本代表に選出。2008年U－17女子W杯では、フランスと対戦したトーナメント戦でハットトリックを決める実績を残している。

高校卒業後は、当時なでしこリーグ所属の浦和レッドダイヤモンズレディースに入団した。アマチュアリーグのため働

吉良の背番号は常に「10番」＝Telstar提供

きながら競技をするのが基本のなか、選手たちはチームのスポンサー企業に各々振り分けられるのが一般的だったという。吉良が就職したのは埼玉にあるエコ計画。主な業務内容は、書類にある数字をパソコン入力したり、書類整理をしたりする事務仕事だった。

「夕方から練習があるので残業はできません。周りに迷惑をかけてはいけないという思いをいちばんに持っていたので、できるだけ早く仕事を理解するために紙に書いて覚えたり、ミスがないように確認を徹底したり、無駄な仕事を増やさないよう気をつけていました」

選手として合宿や遠征があるため、長期的に休むことも避けられない。〝自分でないといけない仕事〟がおのずと少なくなっても、「会社勤めができてよかった」と振り返る。

「報告の仕方をはじめ、学ぶことが多かったです。職場の方は皆さん理解があり、試合を観に来てくださることもありました。女子サッカーを応援してもらいたいので、自分の周りにいる方に試合に足を運んでもらうために、当たり前ですがちゃんとやることはやって、印象を悪くしないように心がけていました。これは今も続けていることです」

8年越しに叶えた、「オランダでサッカーをしたい」夢

その姿勢は、拠点を海外に移した今も変わらない。2024年4月現在、オランダ北部のハーレム近くのチーム「テルスター」に所属する吉良は、オランダリーグでプレーをする初の日本人女子選手だ。

なぜオランダだったのか。それは、浦和レッズ時代に参加したオランダ遠征が発端だった。2014シーズンになでしこリーグ優勝を果たした浦和レッズが、「グルーネウェーゲン国際大会トーナメント（女子の部）」出場のオファーを受けた。その大会に出場し、優勝に貢献した吉良はMVPを獲得した。

「オランダのチームと対戦したとき、相手選手たちのサッカーに対する熱量が印象的で、『オランダでプレーしたい』と

吉良知夏　Chinatsu Kira

1991年、大分県生まれ。6歳上の兄の影響でサッカーを始める。小学校卒業後、中高一貫の女子サッカー名門の神村学園（鹿児島県）に進学し、U-17、U-19日本代表に選出。高校卒業後、2010年になでしこリーグの浦和レッドダイヤモンズレディースに入団し、スポンサー企業の「エコ計画」で日中は仕事に従事。2020年から1年間メルボルン・シティFC（オーストラリア）に移籍後、2021年にオルカ鴨川FC（なでしこリーグ1部）、2022年にSE AEM（スペインリーグ2部）を経て、2023年からテルスター（オランダ1部リーグ）に所属。

現在所属するテルスターでは、監督を含め、選手たちがあまり英語を話さないそう。「通訳の人はいないので、身振り手振りで伝えたり、オランダ語を勉強したりと、日々奮闘しています」＝Telstar 提供

思ったんです」

　その思いとは裏腹に、怪我をしたり、チームの監督が代わって海外へのチャンレンジを言い出せなかったりと、タイミングが合わなかった。けれども、オランダへの気持ちは常に心の片隅にあった。物事にはタイミングというものがある。なでしこリーグから海外移籍をし、オーストラリアとスペインのリーグを経て、オランダの１部リーグへの移籍が叶ったのは２０２３年８月だった。

　右も左もわからないままオランダへ赴いたが、海外赴任などで駐在中の日本人が多く、知人が増えていった。そのなかで、「女子サッカー」を知らない人がいる現実を目の当たりにする。そこで吉良は、会う人会う人に「試合を観に来てください」と声をかけていった。

　女子サッカーやチームメイトの紹介やアピールは得意だが、自身のブランディングや見せ方、ＳＮＳでの発信は苦手だと苦笑いする。それでも女子サッカーやチームについて知ってもらうために、発信は心がけている。そんな吉良のＳＮＳアカウントには、オランダでプレーをしたい現役選手や学生からの質問や相談の連絡が相次ぐそうだ。それに対して一つひとつ対応しているところに、吉良の人間性が垣間見える。

　今はサッカー以外の仕事はしていないが、一人暮らしで経済面では自活できている。

「給料はサッカーに対しての評価です。もっと活躍して、認知されて、評価されていったら嬉しいですが、お金よりも貴重な経験をさせてもらっているという恩いのほうが強いです」

「あえて逆算はしない」。現在の実績が未来をつくるだけ

引退の時期は、今の時点であまり考えていない。「決めると逆算して、自分でつくった枠の中に収まってしまう気がするので、あえて先のことは考えないようにしています」と笑う。

「何より、1試合、1シーズンをやりきった後に、次のシーズンが訪れると考えています。ワンシーズンごとに全力を注ぐので、例えば来年チームから契約更新ができないと言われても、『自分はもうそのレベルにいないんだ』と思うだけだと思います」

サッカーをする限りは、常に上のレベルを目指さないといけない——以前先輩から言われたその言葉が、ずっと胸の中にあるという。

そんな吉良だが、漠然と思い描く未来が二つある。ひとつは、地元・大分へ恩返しをすること。

「まだ具体的に決まっていないですが、自分が何を大分へ還元できるのかを、このオランダにいる期間に見つけたいと思っています」

もうひとつは、親を引退試合に招待することだ。

「親にはとても感謝しています。中学校から親元を離れて寮生活していて、会えるのは年に何回か。よく連絡は取っていますけど、寂しさは感じています。いつも応援してくれて、精神的に支えてくれているので、期待に応えたいという思いは常に持っています」

海外の試合に足を運ぶのが難しいため、「親が安心して観に来られるよう、引退試合は日本でしたいと思っています」。

サッカーで得た経験をネクストキャリアにどう活かしていこうと考えているかを尋ねたところ、少し考えた後、「スキルとは言えないかもですが、『出会いとつながり』ですかね」との答えが返ってきた。

「サッカーをする上で、人に大きく恵まれてきました。中でも最も影響を受けているのが、神村学園サッカー部の吉永輝彦先生との出会いです。サッカーとの向き合い方、人に感謝することの意味などを学びました。こうしてインタビューを受けさせてもらえるのも、つながりの結果だと感じています。現時点では具体的にどう活かしていくかは答えられないですが、引退後も、出会いやつながりから生まれるものはあるのではと思っています」

サッカーをする原動力のひとつは、応援してくれる人がいることだと語る吉良。

「相手と交わす言葉ひとつで、『応援しよう』と思ってもらえることがあると思います。その結果、試合を観に来てもらえると思うので、出会いと人とのつながりを大事にしています」

声をかけたからには、まずは自分が試合に出ないといけない。さらに、「観に来てよかった」と思ってもらえるような結果も出す必要がある。

「結局は、自分にプレッシャーをかけていることになります。『もっと頑張んなきゃダメだぞ』って言い聞かせているんです」

プロは、競技の上手さや実績を出すことがもちろん求められるが、「応援されること」も重要な要素のひとつだ。ファンや試合に足を運ぶ観客がいるからこそ、サッカーを仕事にできている。そのことを理解している吉良は、フィールド内外での立ち居振る舞いで「プロとは何か」を体現している。

オランダに来て感じるのは、男子女子チーム問わず、「サッカーを観に行く」という文化が根付いていることだという＝本人提供

第6章

サッカーから得た力をどう活かすか

「自分はサッカーしかやってこなかったから……」そんな言葉を口にし、引退後のキャリアを不安視する選手は多いです。ですが実際は、競技経験の中で培った力は、一般的な社会人に求められる力と大きく重なります。

サッカーを通じて得られる力とは何か？　それらをその後の人生にどう活かせるか？　そのために、現役中に持っておくべき視点は何か？　ビジネス分野の知見も交えて解説していきます。

「サッカーで頑張れたならば、その後の人生何だって頑張れる」といった類の話は、サッカーをしてきた人ならば一度は聞くと思います。日本ではサッカーに限らずですが、大学でスポーツをしてきた人材は「体育会系人材」として高く評価されることもあります。また、アメリカのトップ５００社（Fortune 500）の経営者に対する調査でも、**経営者の最も大きな共通点として、高校や大学でのスポーツ経験が挙げられています**。一方で「スポーツバカ」のように、スポーツをしてきた経験がネガティブに捉えられることもあります。

こうしたスポーツに対するポジティブ／ネガティブな評価は、どちらも真実になり得ると思います。スポーツとの関わり方や向き合い方によって、その経験はどちらにもなるのです。では、その分水嶺《ぶんすいれい》は何なのか？

私はひとえに**「選手の自覚」**だと考えます。選手の自覚とは、職業としてのサッカー選手について、そして「サッカーを追い求め、結局何を得るのか」について徹底的に考え抜き、自分の言葉にすることです。

本章では、そのヒントとなる考え方をいくつか紹介していきます。

「サッカーの競技特性」は何か？

まず初めにサッカーの競技特性について考えてみます。たとえプロサッカー選手でも、サッカーがどんな競技かあらためて考える機会は意外と少ないと思います。現代サッカーを要素分解したプレーモデルをもとに、テクニックやフィジカル要素以外でのサッカーの競技特性を分析すると、「**共通理解**」「**コミュニケーション**」が大きな柱であることがわかります。

90分間ほぼ継続的に局面が変わっていくサッカーにおいて、フィールド上の選手が全員同じ戦術理解

現代サッカーのプレーモデル

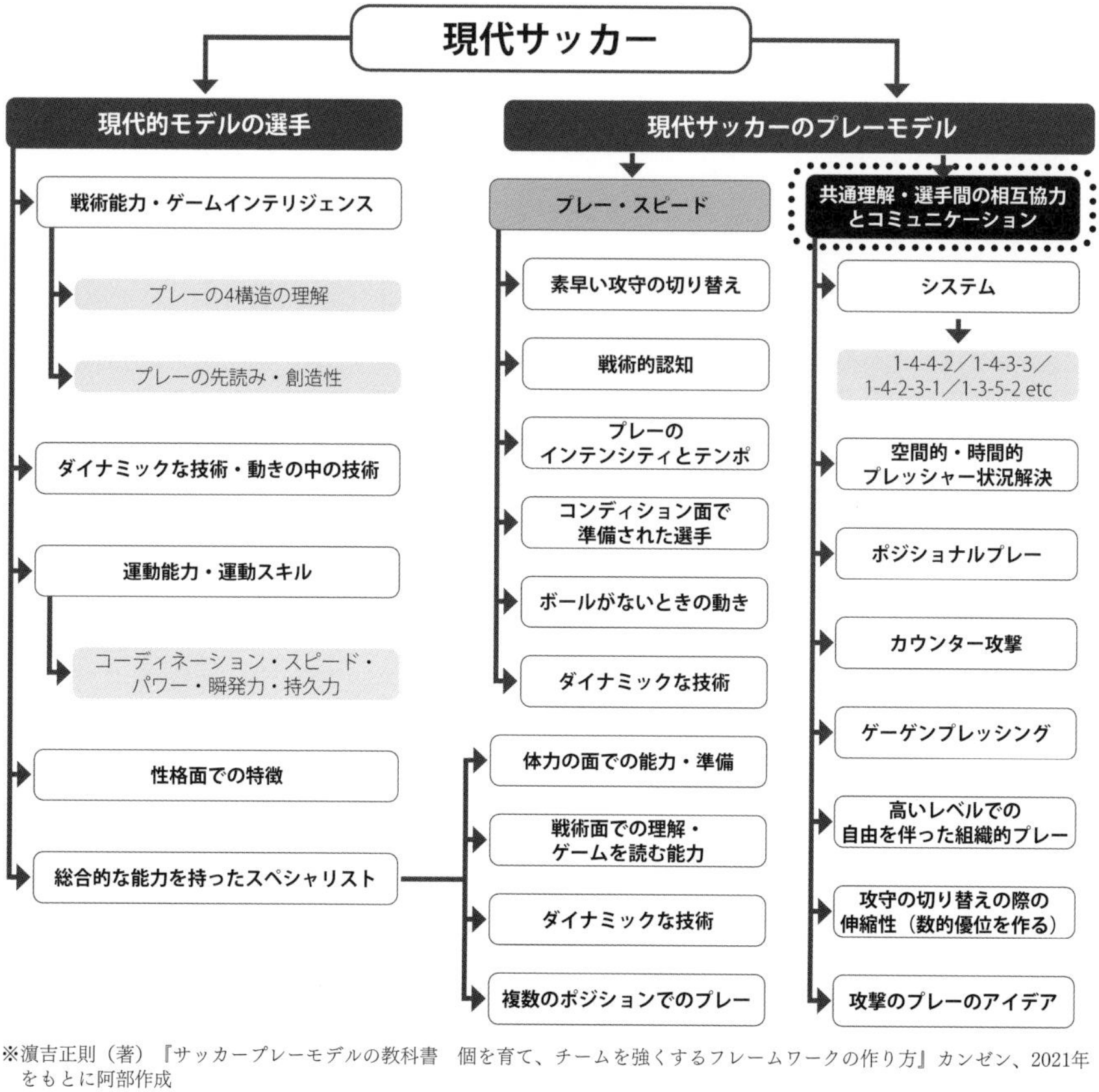

※濵吉正則（著）『サッカープレーモデルの教科書　個を育て、チームを強くするフレームワークの作り方』カンゼン、2021年をもとに阿部作成

でプレーすることは、勝利に必要不可欠です。サッカーはチームスポーツなので、チームメイトやコーチングスタッフとのコミュニケーションはフィールド内外で必須です。さらに、サッカーでは局面が流動的に変化するため、コーチの指示を待ってプレーするのが事実上不可能に近いという特徴もあります。指示待ちでは局面に対応できず間に合わないので、必然的に自分で考えて状況を判断し、解決する力が求められます。

また、チームワークが重要なのは間違いないですが、個で局面を打開することを求められる場面も数多くあります。最近では、得点力、パス成功率、空中戦勝率、デュエル※勝率、走行距離・時速など、個に紐づくデータが可視化され、選手の価値を決める大きな要素になっています。チーム内の競争に勝ち抜いてフィールドに立つためには、まず自身の個としての価値を研鑽して高める必要があり、自分を磨くための内省と行動が必要になります。

他にも、**チームの戦力が必ずしも勝利とイコールではない**という特異性もあると思います。どんなチームでもジャイアントキリングする／される可能性があるのです。これはサッカーが足を使うが故にミスが起きやすい競技であり、競技人数も11人と多く、チームパフォーマンスの最大／最小値の範囲が広いことに起因すると考えられます。努力しても負けることがありますが、できることは努力だけです。結果が出ない努力は意味がないので、努力の方法が常に問われます。

※デュエル
JFAのサッカー用語集の定義では「球際での激しい争いのこと。空中戦で競い合う、こぼれ球を奪い合う等の場面」

「どうすれば試合に使ってもらえるか？」
「チーム内のライバルにない自分の武器は何か？」
「対戦相手にとって嫌なプレーは何か？」

こういったことを常に考えながらトレーニングに反映することは、プロサッカー選手ならば高いレベルで経験しているはずです。普段意識することはあまりないかもしれませんが、上を目指してサッカーをすることは、**「共通理解」「コミュニケーション」「自分に向き合う姿勢」「個を磨く方法の模索」**といったことが常に求められる環境にいるということです。

最後に競技特性ではないですが、プロサッカー選手になるための競争について触れたいと思います。

２０２３年度のデータをもとに算出してみると、15歳以上の男子サッカー人口は約27・９万人、例年プロ契約を結ぶ選手は１２０人程度なので、その割合はわずか０・04％です。つまり**約２３００人に１人しかプロ契約を勝ち取れません。**もちろん、27・９万人全員がプロになるためのトライアルを受けるわけではないため、この数字の妥当性には議論の余地がありますが、厳しい競争を勝ち抜かなければプロになれないのは紛れもない事実です。

プロになるための競争を勝ち抜けた理由は何なのか？　そして、さらに激しいプロになってからの競争環境で得たものは何なのか？　それらは自然には気づけないことも多く、一歩引いて考えてみることにはとても大きな価値があります。

サッカーで磨いた力は「社会から求められる力」とこれだけ重なる！

サッカーをしたことがないビジネスパーソンが、先に述べた「サッカーで求められる力」や「個の特性」などを見ると、「社会やビジネスで求められることと同じではないか」という印象を持つと思います。そこで、**サッカーで求められる力を「社会人基礎力」に当てはめて考えてみます。**

社会人基礎力とは、経済産業省が提唱しているコンセプトで、**「職場や地域社会で多様な人々と仕事をしていくために必要な基礎的な力」**と定義されています。「現代社会で生きていくのに必要な力」とほぼ同義だと考えてください。90年代以降に日本のビジネス環境が大きく変化したにもかかわらず、社会人が身につけておくべき能力に関して企業と学生のあいだに大きな意識の差があったことから、社会人基礎力がひとつの指針として2006年に策定されました。

具体的には、**「前に踏み出す力」「考え抜く力」「チームで働く力」の3つの能力（12の能力要素）**から構成されています。そして、社会人基礎力を少しながめてみると、サッカー選手に求められる力と驚くほど似ていることに気がつくと思います。

社会人基礎力は、パソコンやスマートフォンで例えるとOS（オペレーティングシステム）です。OSがしっかりしていれば、アプリをアップデートする限り同じ機器を使い続けることができます。人材に関しても同じで、**「前に踏み出す力」「考え抜く力」「チームで働く力」というOSがしっかりしていれば、その上に専門的スキルを積み重ねることで社会で活躍し続けることができる――**これが社会人基礎力のコンセプトです。

また、社会人基礎力の他にも、経済産業省は

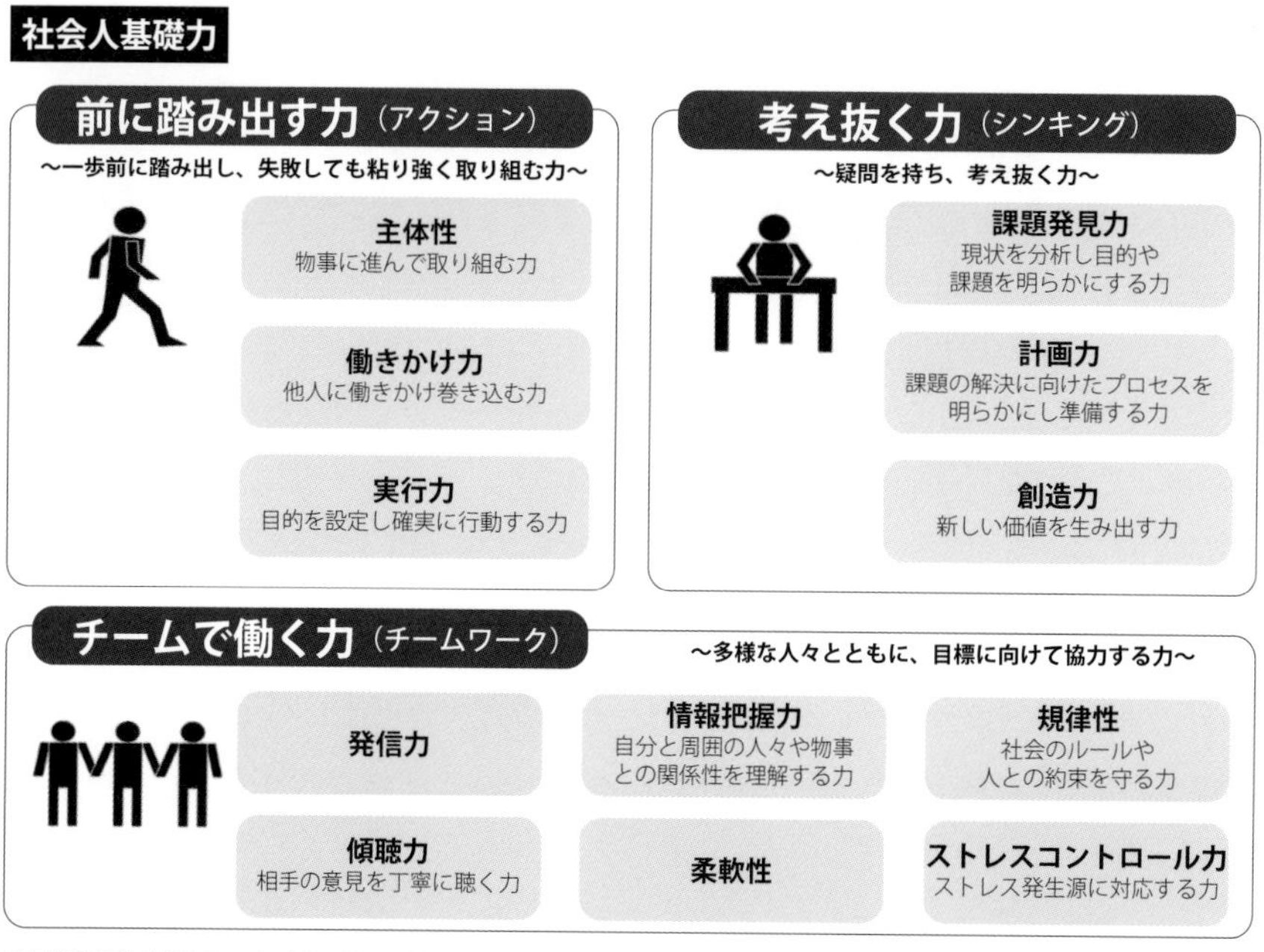

※経済産業省「『人生100年時代の社会人基礎力』説明資料」をもとに阿部作成 https://www.meti.go.jp/policy/kisoryoku/

「未来人材ビジョン」を２０２２年に策定しています。２０５０年を見据えて、これからの時代に必要となる能力やスキルを明確にするためのものです。この中で、日本で働く人や企業の現状が次のようにまとめられています。

- 日本の国際競争力は、この30年で1位から31位に落ちた。
- 日本企業の従業員エンゲージメント※は、世界全体で見て最低水準にある。
- 企業は人に投資せず、個人も学ばない。
- 「現在の勤務先で働き続けたい」と考える人は少ない。しかし、「転職や起業」の意向を持つ人も少ない。
- 海外に留学する日本人の数は減っている。そして、海外で働きたいと思わない新入社員が増えている。

一方で日本サッカー界は、過去30年間で確実に国際競争力を高めました。

第1章で詳しく述べたように、今ではプロサッカー選手になるための裾野は広がり、より多くの選手が切磋琢磨《せっさたくま》する環境が整っています。また、トップオブトップの選手は、キャリアのどこかで欧州で挑戦するというトレンドも生まれました。もちろん、すべてが上手くいっているわけではありませんが、基本的には「上を目指して個人も組織も努力する」という価値観が、日本のサッカー界には存在すると思います。

※エンゲージメント
人事領域においては「個人と組織の成長の方向性が連動していて、互いに貢献し合える関係」といった意味で用いられる。

一方で**日本社会においては、「上を目指して個人も組織も努力する」という価値観は失われつつある**というのが未来人材ビジョンの分析です。また、未来人材ビジョンでは、新たに未来を牽引《けんいん》する人材として次のような特徴を挙げています。

好きなことにのめり込んで豊かな発想や専門性を身に付け、多様な他者と協働しながら、新たな価値やビジョンを創造し、社会課題や生活課題に新しい解を生み出せる人材

さらにそうした人材は、**「育てられるのではなく、ある一定の環境の中でみずから育つという視点が重要となる」**とも述べられています。私の仮説として、**プロサッカーという環境は、日本社会が失いつつある大切な価値観を身につけられる稀有な場所**ではないかと考えています。

ＧＲＩＴ（グリット）――学校の成績や才能よりも重要な力

プロサッカー選手になるためには、ほぼ例外なく強い意志と多大なコミットメントが求められます。サッカー以外の時間を削り、サッカー中心の生活を学生時代から

20年以上続けるわけですから、「サッカーしかやってこなかったので」という意識が生まれるのは、ごく自然なことなのかもしれません。

ひたすらひとつのことに取り組み、それ以外の社会の常識を知らないというのはネガティブに捉えられがちですが、**ひとつのことに没入するからこそ得られる力もあります。**ここでは**「GRIT（グリット）」**というコンセプトでその力について考えたいと思います。

GRITは、アメリカのペンシルベニア大学のアンジェラ・ダックワース教授が提唱したコンセプトです。アンジェラ氏の研究は**「ビジネス、スポーツなどで成功する人たちの共通点は何か？」**という問いに対して、「学校の成績や才能よりも、GRIT（情熱とやり抜く力）がより重要」という結論を出しています。

GRITは次の4つの要素の頭文字をつなげた言葉です。

- **度胸（Guts）**：困難なことに立ち向かう
- **復元性（Resilience）**：失敗しても諦めずに続ける
- **自発性（Initiative）**：自分で目標を見据え、動き出す
- **執念（Tenacity）**：最後までやり遂げる

サッカーに限らずですが、スポーツと言えば「気合、根性、忍耐」を連想する人は

多いのではないかと思います。これらは日本スポーツ界の暴力指導や長時間練習などネガティブな慣習と紐づけられることが多いですが、一方的に押しつけられる場合が問題なのであって、自発的なものであれば個の成長にプラスに作用します。

そして**基本的には、ＧＲＩＴも「気合、根性、忍耐」も同じことを言っている**と私は考えています。サッカーで上を目指した人ならば、必ずＧＲＩＴを通じた個の成長を経験しているはずです。

また、**ＧＲＩＴは企業が求める力**でもあります。特に日本企業に関しては、採用して入社後に仕事を割り当てるメンバーシップ型雇用が主流です。そのため**人材評価のポイントが、どの部署に配属しても適応できる「地頭の良さ」「地道に継続して学習する能力」などになります**。だからサッカーを含むスポーツに真剣に取り組んできた人材は、企業側にとって「継続する力、根性がありそう」という印象や期待を与えるのです。

「ＧＲＩＴを伸ばす５条件」が磨かれる環境

もう一点、ＧＲＩＴの研究結果で注目を集めたのは、**「生まれ持った才能にかかわらず、ＧＲＩＴは後天的に伸ばすことができる」**という点です。

ＧＲＩＴを伸ばすためには、**目的意識を持った鍛錬（Deliberate Practice）**が重要だとされています。目的意識を持った鍛錬には、次の５つの条件がそろう必要があります。本書ではこの5条件を**「ＧＲＩＴ条件」**と呼ぶことにします。

内的要因

● 夢中になれる興味
● 少し背伸びしたゴールの設定&高い集中力での実践
● 自己目的とゴールの一致
● 自己成長に対するポジティブなマインドセット

外的要因

● 高い要求水準×サポート体制が整った環境

ここではＧＲＩＴ条件をもとに、競技レベルによって身につくＧＲＩＴに違いはあるのかを考えてみたいと思います。

ＧＲＩＴ条件を少しながめると、シンプルですが5条件をすべて満たすのは、なかなか難易度が高いと感じるのではないでしょうか。人生において、「夢中になれる興味が見つかり、その興味に対して常に高いゴールを設定し、そのゴールの達成が自分のアイデンティティや人生のゴールと一致して、常にポジティブなマインドセットで日々研鑽を重ねていき、周りはそれを厳しくも優しく見守ってくれる」という環境が身近にあるのは稀でしょう。

ですがよく考えてみると、**プロサッカー選手はかなり高い確率でＧＲＩＴ条件がそろった環境下にいる**と思います。また、「より厳しい環境に身を置く」というのはプロサッカー選手がよく口にする言葉だと思いますが、これは言い換えれば「よりＧＲＩＴ条件がそろっている環境に身を置く」ということです。

もちろん、勝利を目的としないグラスルーツやアマチュアレベルでもＧＲＩＴ条件を満たす環境はあります。また、サッカーの競技力だけ考えると、プロとアマチュアの違いはそこまで明確ではありません。サッカー天皇杯では、高校や大学のチーム、Ｊ以外のクラブが何度もＪクラブを倒しています。さらに、金銭的にもアマチュアとしてプレーしたほうがプロになるよりも稼げるかもしれません。ＪＦＬのチーム（日本の4部リーグ）のほうが、Ｊ２／Ｊ３クラブより給料が高いケースもあります。

それでも、プロとしての契約、周りとの競争の中で芽生える向上心、要求される高いモチベーションとコミットメント、コーチを含む周りの人たちもコミットできる資金力など、**プロサッカーという環境のほうが圧倒的にＧＲＩＴ条件が満たされやすい**です。そしてプロとして磨かれる度胸、復元性、自発性、執念が、サッカーという枠を超えて社会で生きていく上で重要な力というのは、既に述べたとおりです。

ＲＡＮＧＥ（レンジ）――知識や経験の「幅」をどう育み、どう活かすか

ひとつの分野に集中してやりきるＧＲＩＴという考え方とは対照的に、**一見無駄に思える失敗や方向転換などを通じて身についた知識や経験の幅＝「ＲＡＮＧＥ（レンジ）」がある人のほうが、その後大きなことを成し遂げる**という考え方もあります。これはスポーツ分野のジャーナリストであるデイヴィッド・エプスタイン氏が提唱した考え方です。

ＲＡＮＧＥの重要なコンセプトとして、**「親切な学習環境」**と**「意地悪な世界」**という考え方があります。

例えば、学校ではルールがあり明確なことに取り組みます。そして、先生からフィードバックを得ながら努力によって上達可能な「親切な学習環境」が整えられています。しかし、実際社会に出ればさまざまな人がいて、課題やルールは必ずしも明確ではなく、類似したパターンはあるものの基本的にはその都度自分で考えて動かなければならない「意地悪な世界」です。この**「意地悪な世界」においては、狭い領域で専門性を高めていくことよりも、多様なことに取り組むなかでより自分に合う領域を見つけ、**

その上で専門特化することが有効、というのがＲＡＮＧＥの主張です。

ＲＡＮＧＥは、デイヴィッド・エプスタイン氏がＧＲＩＴと対照的な考え方として打ち出したこともあり、ＧＲＩＴと相反する考え方とされることが多いです。しかし私は、**ＲＡＮＧＥは「経験値の積み重ね方」についての知見であり、ＧＲＩＴは「努力の方法と環境」についての知見なので、実は相互補完するコンセプト**だと考えています。そして、**ＲＡＮＧＥは「プロサッカー選手として上を目指すこと」と「元プロサッカー選手のネクストキャリア」の両方に示唆がある**と考えています。それぞれについて見ていきましょう。

「サッカーだけに集中すべき」は本当か？

まずは、「プロサッカー選手として上を目指すこと」とＲＡＮＧＥの関係性です。

「サッカー以外のことに目を向けるとサッカーが下手になる」「サッカーだけに集中すべき」といった主張もありますが、ＲＡＮＧＥの考え方を当てはめるならば的を射ていません。サッカーの競技特性のところで述べたように、**サッカーは、同じ局面が訪れることが少なく、ミスが多い競技であり、どちらかと言えば「意地悪な世界」**です。そして「意地悪な世界」では、知識や経験の「幅」＝ＲＡＮＧＥがパフォーマンスの向上につながります。つまり、**サッカー以外の分野に学び、それをサッカーに応用する姿勢が、結果的に選手として上を目指すことになる**という示唆があります。

実はこの考え方は目新しいものではなく、サッカー界には以前から存在します。例えばサンバや格闘技など、他のスポーツでのリズムや身体の使い方がサッカーでのパフォーマンスにつながる例は数多く知られています。同様に、プレッシャー下での状況判断、コミュニケーション、チームの組織マネジメントなどの頭の使い方でも、サッカー界以外に多くのヒントがあると思います。

「はみ出し者」がビジネスにイノベーションを起こす

次に「元プロサッカー選手のネクストキャリア」に関する示唆です。

既に述べたように、プロサッカー選手という経験は、サッカーを志した人の中でも限られた人にしかできない稀有なものです。そして、特にサッカー界以外でネクストキャリアを積む場合、元プロサッカー選手という「経験の幅＝ＲＡＮＧＥ」は唯一無二となります。最初の数年はビジネス慣習が理解できなかったり、ビジネスに必要な読み書きそろばんで苦労するかもしれませんが、そのちょっとした壁を越えれば、元

※グローバルイノベーション指数
世界知的所有権機関（ＷＩＰＯ）が毎年、世界１００か国のイノベーション力について調査したもの。国際特許出願件数、研究開発投資、政治や経済制度、人的資源、技術力、想像力などの80余りの項目で各国のランキングを発表している。

プロサッカー選手の経験の幅を大いに活用できるようになるはずです。私は、**元プロサッカー選手のような「はみ出し者」が、日本のビジネスにおけるイノベーションのトリガーになり得る**と考えています。

世界知的所有権機関（ＷＩＰＯ）の**グローバルイノベーション指数**※**において、日本は２００７年には４位でしたが、２０１１年に韓国に抜かれ、２０１２年に25位にまで転落しています。**その後ゆるやかに順位を上げつつも、２０１９年には中国に追い抜かれました。日本では社会や企業のイノベーションが長らく停滞しており、それが経済成長の停滞要因にもなっていると言われています。

経営学の知見では、イノベーションを起こすには**「知の深化」**と**「知の探索」**の両方が必要だと知られています。「知の深化」は今やっていることを極めていくこと、「知の探索」は知の範囲を

グローバルイノベーション指数

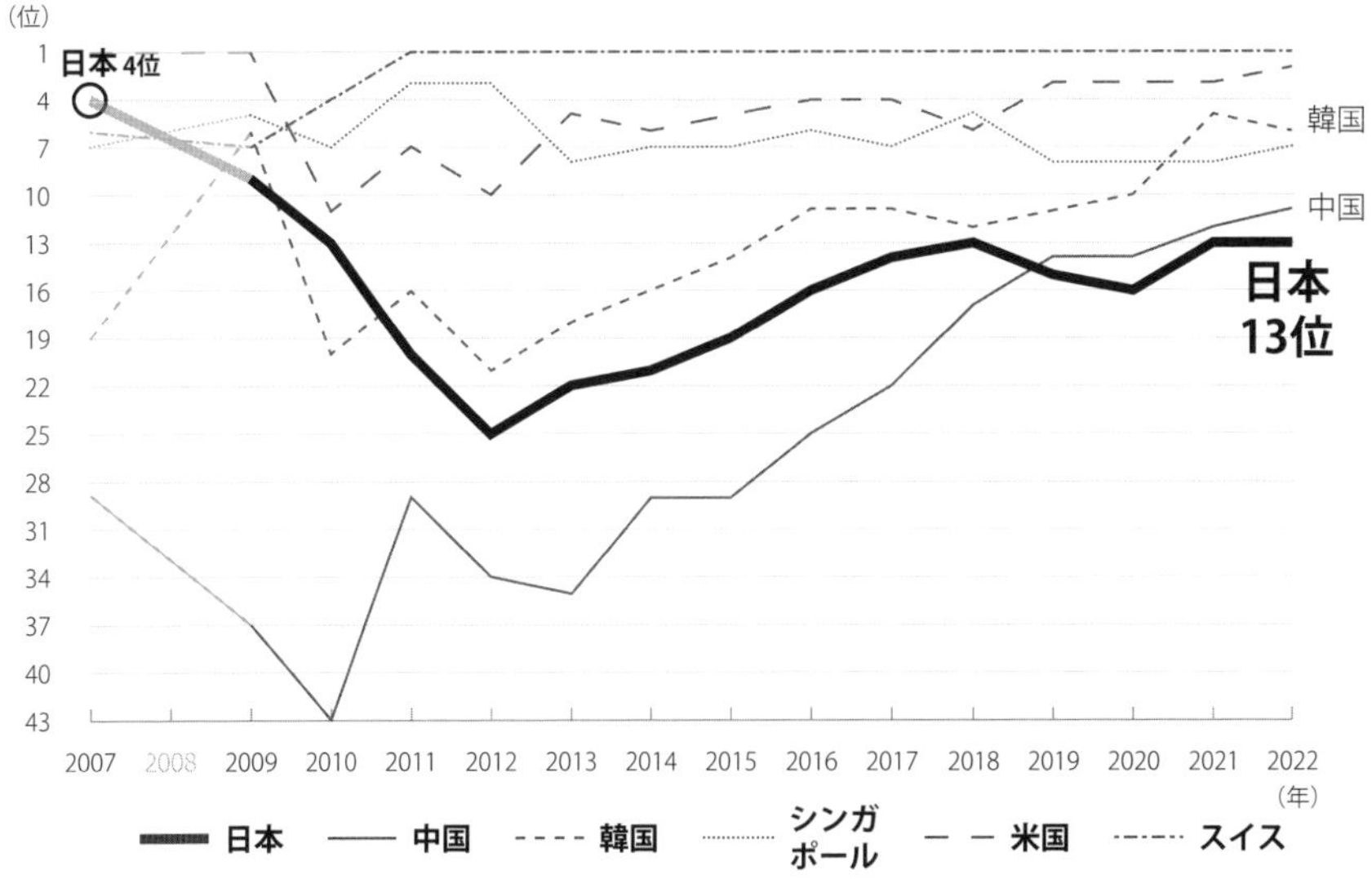

※2008年はデータがないため、2007年と2009年を薄い直線で結んでいる
※知的財産戦略本部「知的財産推進計画2023」をもとに阿部作成
https://www.kantei.go.jp/jp/singi/titeki2/kettei/chizaikeikaku_kouteihyo2023.pdf

広げていくことです。

新卒から数年のギャップはあるにせよ、**元プロサッカー選手としてのユニークな経験値は、業界内や企業内からは着想されにくい新たな視点を持ち込む、「知の探索」のトリガーになる可能性がある**と思います。もちろんそのためには、第4章で述べた日本の雇用慣習も変わっていく必要があります。

私は、28歳で日本の企業でインターンシップを始め、業務委託契約になり、29歳で正社員として採用されました。まさに「30歳・初企業勤め」を地で行くかたちでネクストキャリアをスタートしたわけですが、この転職過程には想像以上に多くの壁がありました。

採用される側もそうですが、**採用する側にはもっと多くの壁があったはず**です。そのときの状況や、元プロサッカー選手のビジネスパーソンとしての特徴や課題などを、当時の私の直属の上司で、採用にも関わった横田匡俊《まさとし》さんが包み隠さず本章のインタビューで答えてくれています（229ページ）。このインタビューは、特に採用する側の企業の担当者の方々にとって参考になると思います。

ソーシャル・キャピタル（社会関係資本）――お金に換算できない資産

近年プロサッカークラブは、サッカーの興行だけではなく、地域の社会インフラとしての機能も果たすようになってきています。例えば、Ｊリーグでは**「シャレン！」**という取り組みがあります。これは、地域の人、企業や団体、自治体、学校などとＪリーグ／クラブが連携して社会課題に取り組む活動です。**プロサッカークラブは、街や人との関わりが非常に大きいです。これは、アマチュアクラブや大学の部活などと比べていちばん大きな違いかもしれません。**

私はサッカー選手としてパッとしなかったこともあり、ピッチ外のホームタウン活動に関わる機会が数多くありました。また、プロ契約を結ぶ前に家庭教師をしていたこともあり、地域とのつながりは他の選手よりも強かったと思います。そして、こういった活動で知り合った方々の多くが、身近なサッカー選手として自分を応援してくれました。

ホームタウン活動は無償でおこなわれることもあるので、煙たがる選手もいますが、多くの機会はプロサッカー選手という肩書がなければ得られないものです。**プレーした地域とのつながりは経済的な指標では表せない財産**となります。

私が特にそのことを実感したのは、３シーズンのプレーを終えてクビになったときでした。自分に関わりがあった多くの人たち※が、進路を心配して手を差し伸べてくれました。長崎から離れるまでの住まいを手配してくれた人や、就職先や他のチームを紹介してくれた人もいます。

また、私が英語を継続的に勉強していたことを知っていた人は、プライベートの英会話レッスンに自分を参加させてくれました。実は、そのときの英会話の先生が薦めてくれた禅の教えに関する本※は、25歳でプロサッカー選手をクビになり人生に迷っていた私に、ネクストキャリアをどのように考え生きるべきか、大きな示唆をくれました。

プロサッカー選手になることで、その地域の**ソーシャル・キャピタル（社会関係資本）**にアクセスできるようになるのは大きなメリットだと思います。ソーシャル・キャピタルとは端的に言えば、**人々が持つ信頼関係や人間関係に存在する、お金に換算できない資産**です。

選手はさまざまな理由でプレーするクラブを選択しますが、その地域やサポーターにとってみれば、「自分の街を代表してプレーしてくれる誇らしい選手」という認識になることが多いと思います。これはプロサッカー選手でなければ得られない立ち位置です。私はひとつのクラブでしかプレーしませんでしたが、もし複数クラブでプレーする機会があった選手は、その数だけ自分の特別な街やコミュニティができているは

※自分に関わりがあった多くの人たち
これらの人たちは一般的には「サポーター」と呼ばれることが多いが、個人的にはサポーターというよりも「同志」「友人」だったという認識のほうが強いため、ここではサポーターという言葉をあえて避けている。

※禅の教えに関する本
Laurence G. Boldt, "Zen and the Art of Making a Living: A Practical Guide to Creative Career Design," Penguin Books, 2009

ず――これはとてつもない資産です。

成功を支える「非認知能力」

ここまで、「社会人基礎力」「GRIT」「RANGE」など、サッカーを追い求めて体得し得る力について触れてきました。最後にこれらのさまざまな力をどのように運用していくべきか、**「認知能力」「非認知能力」**というコンセプトで整理します。

認知能力とは、IQ（知能指数）に代表される、点数化できる知的能力を指します。言葉の意味や話の要旨を的確に捉えて理解する言語処理能力や、データを読み解く数的処理能力、他にも記憶力などがあります。

学校のテストや入学試験などは、基本的に認知能力を測るためのテストです。そして**日本においては、高い認知能力を備えることが就職や昇進などの経済的成功に有効だと考えられてきました。**偏差値至上主義はその典型例です。

一方で、「あいつは勉強はできるけど仕事はできない」など、ビジネスや社会の現場の肌感覚として、**認知能力だけが成功の要因ではない**ことは以前から認識されていました。では他に何が必要なのか？　そこで出てくるのが「非認知能力」です。

非認知能力とは、「長期的目標の達成」「他者との協働」「感情を管理、抑制する能力」などで構成されています。ＥＱ（感情指数）、ＳＱ（社会的指数）、ＡＱ（逆境指数／達成指数）、ＣＱ（好奇心指数）など、ＩＱと対比するかたちで引き合いに出されるこれらの「ｘＱ」はすべて非認知能力です。

認知能力が優等生タイプの「ブックスマート」ならば、非認知能力は現場叩き上げタイプの「ストリートスマート」だとイメージするとわかりやすいかもしれません。そして、ここまで紹介してきた**「社会人基礎力」「ＧＲＩＴ」「ＲＡＮＧＥ」などは、点数化は難しいが人間力を構成する要素という点で、非認知能力の一部**だと考えることができます。

非認知能力に関してはさまざまな研究がおこなわれており、ペリー就学前プロジェクト※という研究では、**非認知能力が高い人のほうが社会的・経済的に成功している（雇用率、賃金、持ち家率、車の所有率が高い）**という結果が出ています。その他にも、**非認知能力を伸ばすにはサッカーを含むスポーツや課題活動が効果的**という事実もわかっています。

ならば、サッカー（スポーツ）をひたすらやり続け、非認知能力を徹底的に鍛え上げていれば社会で生きていくためには十分、と結論づけたくなります。ですが、サッカーができるだけでは社会で通用しないという事実も我々は肌感覚で知っています。

※ペリー就学前プロジェクト
1962～1967年にかけてアメリカのミシガン州でおこなわれた就学前教育の社会実験。現在でも被験者の追跡調査がおこなわれている。

その理由を考えていきます。

非認知能力という資産を最大限に活かすには

「非認知能力の状態がその後の認知能力の状態を予測する」という研究結果があります。つまり高い非認知能力を備える個人は、その後、高い認知能力を備える可能性が高いということです。確かに、学校での勉強を例に考えても、コミュニケーション能力や、やり抜く力などの非認知能力をより活かせる人のほうが、結果的により勉強ができるようになるというのはごく自然に感じます。

一方で**「認知能力の状態は非認知能力の状態を予測しない」**という事実もわかっています。つまり、いくら勉強ができても非認知能力が高いとは限らない、ということです。塾などで小手先の

認知的スキルと非認知的スキル

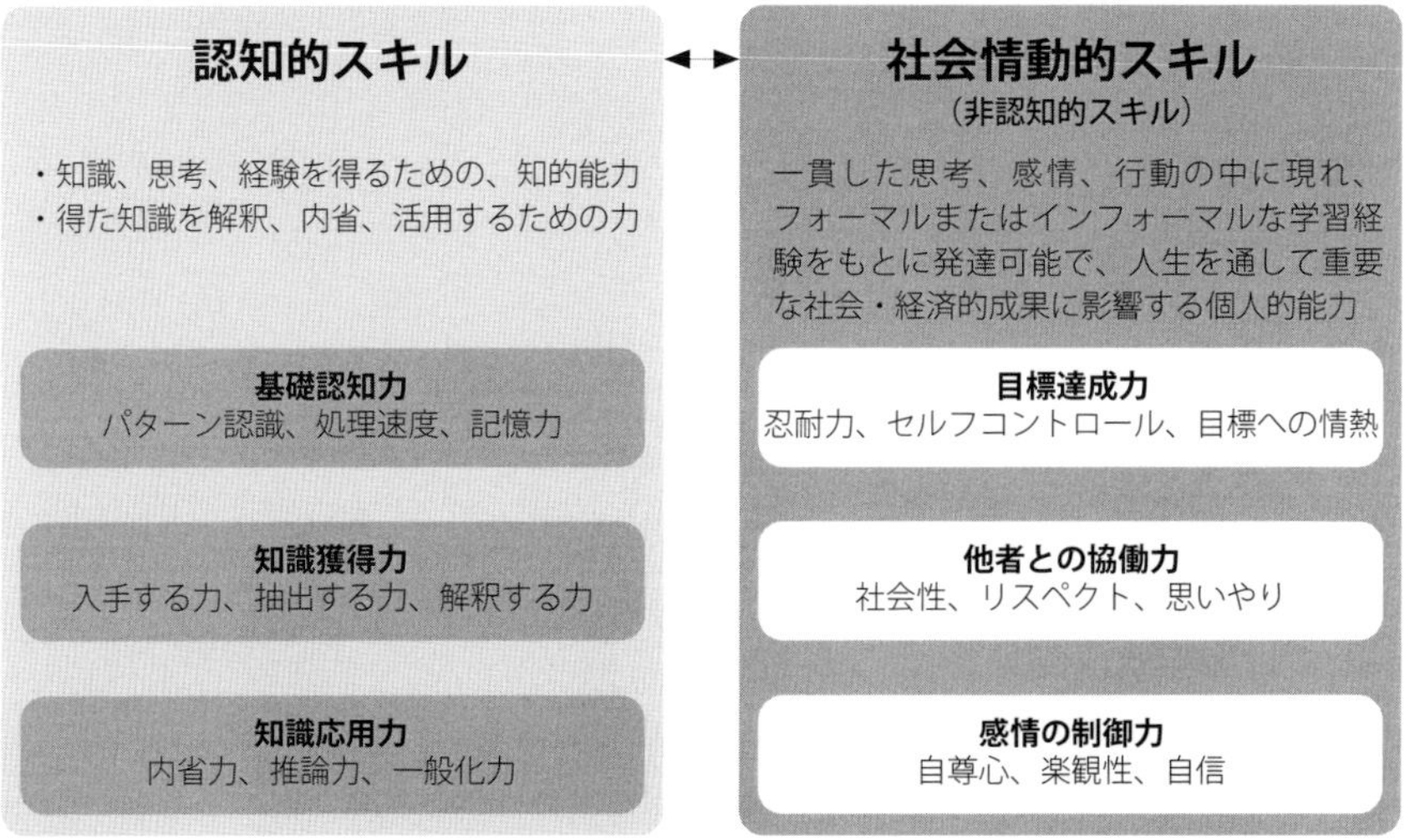

認知的スキル	社会情動的スキル（非認知的スキル）
・知識、思考、経験を得るための、知的能力 ・得た知識を解釈、内省、活用するための力	一貫した思考、感情、行動の中に現れ、フォーマルまたはインフォーマルな学習経験をもとに発達可能で、人生を通して重要な社会・経済的成果に影響する個人的能力
基礎認知力 パターン認識、処理速度、記憶力	**目標達成力** 忍耐力、セルフコントロール、目標への情熱
知識獲得力 入手する力、抽出する力、解釈する力	**他者との協働力** 社会性、リスペクト、思いやり
知識応用力 内省力、推論力、一般化力	**感情の制御力** 自尊心、楽観性、自信

※OECD iLibrary, OECD Education Working Papers No. 121をもとに阿部翻訳・作成
https://www.oecd-ilibrary.org/docserver/5js07529lwf0-en.pdf?expires=1726989099&id=id&accname=guest&checksum=7696CD51DF8D346BAD41E0F7D3ED7049

テクニックを教わりテストの点数が上がっても、本当に大切な人間力（非認知能力）は特に上がらない、と考えるとわかりやすいかもしれません。

ここで興味深いのは、両者が**「非認知能力という土台の上に認知能力が乗っかるピラミッド型」**になっていることです（①）。このピラミッドを本書では**「認知・非認知ピラミッド」**と呼ぶことにします。

この図では、**両者を合わせて三角形で囲める部分のみが個人の総合的な能力値である**、という見方をします。いくら非認知能力が高くても、実際にその能力を活かして高い認知能力を身につけなければ、個人の総合的な能力値は限定的になってしまうのがわかると思います（②）。逆に、非認知能力の土台をはみ出た認知能力も、有効に活用しきれません（③）。

非認知能力は、認知能力の基礎になるため重要なのは間違いありません。一方で、認知能力が不必要という話でもなく、むしろ**「非認知能力を駆使して、いかに認知**

認知・非認知ピラミッド

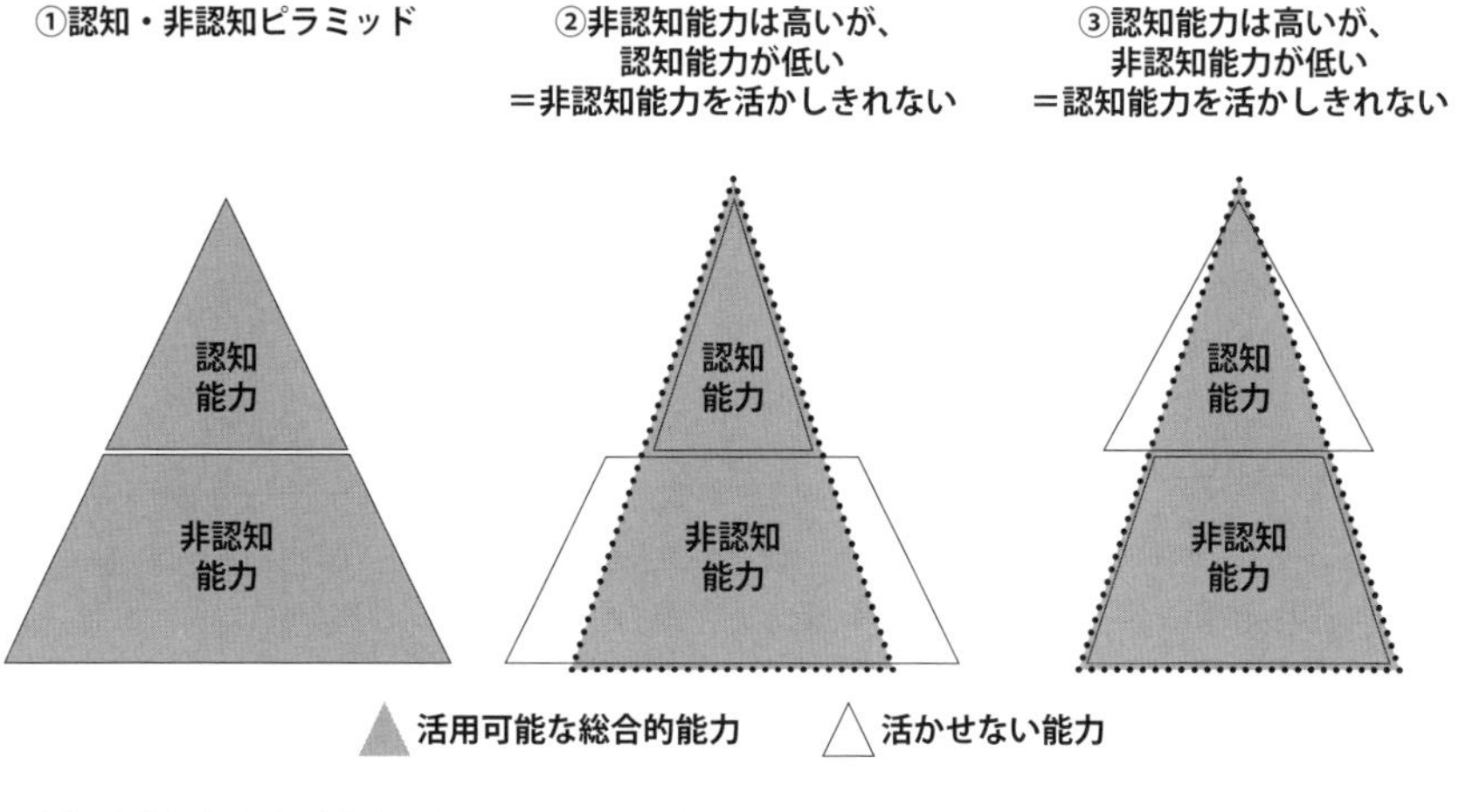

※遠藤利彦「非認知的（社会情緒的）能力の発達と科学的検討手法についての研究に関する報告書」国立教育政策研究所をもとに阿部作成 https://www.nier.go.jp/05_kenkyu_seika/pdf_seika/h28a/syocyu-2-1_a.pdf

能力を伸ばしていけるか」という考え方が大事ということです。

この認知・非認知ピラミッドは、既に紹介した社会人基礎力や、人事・キャリアの分野で頻繁に引用されるスキルピラミッドやカッツモデルなどの考え方とも一致しています。

ここまでは話をわかりやすくするために「認知能力＝学校の勉強」という例で話をしてきましたが、それだけではありません。例えばサッカーの他にビジネスに興味があるなら、それに関連する経営や会計などの認知能力を伸ばせばよいと思います。また、サッカー指導者になるのに興味があるなら、コーチングやスポーツ科学などの分野に興味を持って認知能力を伸ばせるかもしれません。

Life goes on――人生は続いていく

サッカーを追い求めて手に入れる非認知能力（社会人基礎力、ＧＲＩＴ、ＲＡＮＧＥなど）は、個の資産です。この資産を食いつぶしていくような生き方をするのか、資産を運用して個の輝きを増すのか――この点がプロサッカー選手のネクストキャリアでいちばん重要なポイントだと私は考えています。

既に本書内で述べましたが、私自身、選手としてプレーしていたときは、「サッカーのキャリアの後は崖の先」という価値観で生きていました。そして、「宵越《よいご》しの銭は持たない」的な生き方をどこか粋《いき》だと感じていた部分もあったと思います。

プロサッカー選手を辞めて痛感したのは、**Life goes on（人生は続いていく）**ということです。しかも本人の意思とは関係なく続いていきます。では、サッカーをやめた後に何をするか決めておくことが必須なのかと言えば、私はそうではないと考えます。

大切なのは、サッカー選手として上を目指すと同時に、サッカーの枠を超えて自身の興味が湧くものを見つけて、生産的・継続的に時間を費やすことです。**サッカーの枠を超えた探求は、「サッカー選手として上を目指すこと」にもポジティブな影響をもたらします。**そして、プロサッカー選手という職業とネクストキャリアについて現役中に定期的に考えることが、思った以上に大きな違いを生むはずです。

キャリアを考えるチェックシート

□ 以下について理解できたか？

✓ サッカーの競技特性

✓ サッカーで磨いた力と社会人基礎力の共通点

✓「GRIT」「RANGE」「ソーシャル・キャピタル」「認知／非認知能力」など、ネクストキャリアを考える際に役立つ概念

✓ 日本の国際競争力やイノベーション指数の現状

▼「GRIT」に関して

□「度胸（Guts）」「復元性（Resilience）」「自発性（Initiative）」「執念（Tenacity）」の４要素について、それぞれどの程度の強さを持っているか？

□ 上記の４要素を高めるために何を努力するか？

□ 今自分がいる環境は、５つのGRIT条件（p.212～）をどの程度備えているか？

▼「RANGE」に関して

□ サッカー以外の分野から積極的・継続的に学ぶ時間をとっているか？　何を学んでいるか？

□ その学びはどうサッカーに活かせるか？

▼「ソーシャル・キャピタル」に関して

□ ホームタウン活動に積極的に参加し、地域の人々とのつながりを大切にしているか？

□ さまざまな関係者から、プレー以外の面でどんな評価を受けているか？

▼「認知／非認知能力」に関して

□ サッカーを通じて得た普遍的な力は何か？　自身の非認知能力として強みになるもの／伸ばしたいものは何か？

□ その非認知能力を土台に、どんな認知能力を伸ばしたいか？

▼その他

□ サッカー選手としての自身の努力の内容・方法を説明できるか？　それはサッカー以外の分野でどう活かせそうか？

□ サッカーにおいて日常的にしている思考法（ライバルにない自分の武器は何か？／対戦相手にとって嫌なプレーは何か？ ......etc）で、社会で生きていく上でも役立ちそうなものは何か？

□ 他者の協力を得つつも、「自分の人生は自分でなんとかする」というマインドを持ち合わせているか？

Masatoshi Yokota

横田匡俊（48）

「何を期待して採用したかを原点に」アスリートの就職ミスマッチを減らす雇用側からの視点とは

現役を引退したアスリートで、その後のキャリア形成に悩む人は少なくない。企業に就職しても離職してしまう“ミスマッチ”はなぜ起こるのか。現在、日本体育大学スポーツマネジメント学部教授の横田匡俊は、前職の三菱総研時代に本書著者の阿部博一を採用した。高学歴の新卒が数多いる中で、「30歳・初企業勤め」の人材をなぜ採用したのか、そしてアスリートと企業のミスマッチがなぜ起こり得るかについて、話を聞いた。（取材日：2023年12月11日／写真：筆者撮影）

ミスマッチを引き起こす4つのズレ

現行の人材会社のビジネスモデルの多くは、採用が決まることで発生する手数料で成り立っている。行動原理上、マッチングに重きが置かれるため、就職後の定着率までフォローするにはなかなか至っていないのが現状だ。最近ではアスリートに特化した採用支援を提供する会社や組織もあるが、その仕組みは変わらない。

採用した人材が定着しない要因を「給料、ミッション、気概、スキルの4点が噛み合っていないから」と分析する横田は、「ミスマッチとは採用時だけではなく、入社後に会社と本人のあいだに起きる摩擦です」と提言する。

アスリートが引退後すぐに就職するのがよいとは限らない。学校に行ったり、留学したり、インターンに行ったりと選択肢は諸々あるなか、その人に合った進路を総合的に見てアドバイスしてくれる機関がほとんどないのが現状だという。

30歳まで競技を続けて引退した選手の中には、ビジネス経験がゼロの状態で社会に放り出される人もいる。それを本書では「30歳・初企業勤めの壁」として触れているが、横田自身、大学の研究職から三菱総合研究所へ転職したときは、「中途採用枠で採用されたけれど、実態は30歳の新入社員だった」と振り返る。

「元プロサッカー選手」の肩書よりも本人の素質を見て採用した

運動部活動の社会問題について研究していた横田は、「国内のスポーツ分野をもっと良くしていきたい」という思いを持っていたが、当初は社内にスポーツ関連の仕事はひとつもなかったそうだ。

最初は製造業や医療系など専門外の仕事を担当することになったが、まったく太刀打ちができなかったかといったら、そうではなかったという。それは、「大学院生時代に身につけた、調査や分析方法の基本的な〝スキルセット〟があったからです」と言う。

最初は未知の分野でひとつずつ仕事を覚え、徐々に元々希望していたスポーツの仕事をつくっていった。スポーツ分野の仕事を確立していくなか、2020年のオリンピック・パラリンピック大会が東京に決まったことも後押しとなり、1名追加の採用許可がおりた。そのときに採用したのが、本書著者の阿部だった。

「他にも有名大学卒の優秀な人が多くいましたが、わざわざビジネス経験のない元プロサッカー選手を採用したのは、直感的に阿部さんは『やれる』と思ったからです。僕がそうだったように、阿部さんにもスキルセットがあり、アスリートとして培った経験を仕事に活かせるのではと思いました。結果的に、社内で化学反応を起こし、良い影響を与えてくれました」

阿部のスキルセットとは、語学力や海外経験に加えて、横田にはないスポーツ界のネットワークや、初対面の人にも物怖じせずに話を聞きに行く度胸だったという。

「スポーツ事業を大きくしていくために、自分が取れない仕事を取っていく人が必要でした。今あらためて考えると、彼を採用した僕も結構度胸があったと思いますね（笑）」

新卒入社から在籍し続ける同世代と同じことをやる必要はない

そうして〝元プロサッカー選手〟の入社が決まったが、まずぶつかったのが社内制度だった。そもそも、サッカー選手時代の経歴を「職歴」と見なすか否かについて、社内で話し合われた。

雇用契約をする上で、中途採用か新卒採用かで異なる点は、給与面だ。結果的に、阿部の3年間のプロサッカー時代は職務経験に入らないことになり、新入社員と同じ給料での入社に決まった。

「本人はその決定に不服だったので、阿部さんをなだめることが僕の最初の仕事になりました」と苦笑いする横田。

「その一方で、仕事に関しては、新卒研修などは受けずにすぐにプロジェクトチームに入ってもらいました。給料は新入社員同等で、仕事内容は中途採用同等で、気持ちはもう10年目と同じぐらい。でも、ビジネスにおけるスキル面では、他の同世代の社員たちよりも低い。給料、ミッション、気概、スキルの4点がちぐはぐでした」

東大卒や東大と同レベルの学歴と頭脳を持った社員が多い土壌で、新卒社員と同じことを期待しているわけではない旨を伝えたが、「阿部さんは『同じ土俵で勝ちたい』と（笑）。それだったらやってみたらいいと伝えたと記憶しています」

それらを含めて、「阿部さんを採用してよかったと思っています」と話す横田は、「でも、『30歳新入社員』は、新卒入社から在籍し続ける同世代と同じことをやる必要はない」とも言う。

「今は人生100年時代で、世の中が不透明ですよね。同じものが長く売れ続けないなかで、人と違うことを言い出したり、思いもよらないものを拾ってきたりする多様な人材は組織に不可欠

横田匡俊 **Masatoshi Yokota**

1975年、栃木県生まれ。日本体育大学スポーツマネジメント学部教授。東京大学大学院教育学研究科博士課程修了後、2004年早稲田大学スポーツ科学部の助手に就任。2006年に三菱総合研究所に転職。スポーツを通じた地域活性化事業やオリンピック・パラリンピック関連調査、アスリートのタレント発掘事業などを担当。2018年から現職。

だと思います。会社側もそれを自覚し、これまでとは違う力を活用して新しいビジネスを切り拓こうとする発想があってもいい。イノベーションをバンバン起こして、企業を引っ張っていくアスリートが出てくる世の中を、社会全体が目指さないといけないと思います」

2015年、宇都宮市市政研究センターにて市役所職員を対象にオリンピックレガシーの話をした三菱総研職員時代の横田（左）と阿部（右）＝宇都宮市市政研究センター提供

アスリートが会社で働く受け皿を広げていくことが必要

国内では少子高齢化が進み、人材確保難が続いている。そのため、条件にこだわらなければ誰しもが何かしらの職に就ける時代になりつつある。さらに、多様性が謳われる今、新卒一括採用や学歴重視の傾向にも変化が現れている。

「この10年で、引退後にビジネスにおいて活躍する選手が増えてきました。起業して経営者として活躍したり、SNSやYouTubeを活用して稼いだりしているアスリートもいますが、全員にその才覚があるわけではありません。そのため、より多くのアスリートの仕事を確保しようと考えた際、やはり会社で働くルートや受け皿を広げていくことが必要になっていくでしょう。でも、会社の就職環境という面ではまだあまり変化がない感触です」

引退したら生計を立てるために、すぐに仕事をしないといけないアスリートは少なくない。そうなると、本意ではない仕事をする機会も増え、さらにミスマッチを助長する可能性が高まる。

「何を期待して採用したか。雇用側はその初心を持ち続ける必要があります」

そして、アスリートたちが一定期間の学び直しの機会やモラトリアム期間を送れるよう、奨学金制度を設けることもひとつだと横田は提案する。

「引退するとすべてがゼロになってしまい、新しい山をイチから登り始めようと思うと、ひるんでしまうと思います。でも見方を変えてみると、一度スポーツの世界において高い山を登っているわけだから、その隣の山を登るぐらいの気持ちでいるのがよいのでは。その際、アスリート自身がこれまでの経験やスキルが次の世界でどう活かせるのかを考え、企業や組織において自分が何を期待されているかを可視化し、言語化してほしいと思います」

おわりに

阿部より——

私がプロサッカー選手をクビになったのは２０１０年です。それから10年以上の月日が経ちますが、いずれ「プロサッカー選手×キャリア」に関する本を書きたいと考えていました。

当初は、自分の経験をもとにした内容を考えていましたが、プロサッカー選手をクビになった後、アメリカ大学院留学↓日本の企業↓サッカー国際機関とキャリアを積むうちに、自身の「サンプル１」を提供するのではなく、より包括的で多くの人たちに示唆のある本を書きたいと考えるようになりました。

取材にご協力いただいた方々、何度もブレストに付き合っていただいた英治出版の高野達成さん、上村悠也さん、共著者であり、本書を書くきっかけをつくってくださった小野ヒデコさん、ありがとうございました。「普遍的に優れたコンテンツを世の中に出す」「企画は社員みんなで育み、決める」といった、確固たるフィロソフィーがある英治出版で本が出せたことを、幸せに思います。

また、現役選手当時のV・ファーレン長崎時代の同僚、サポーターの方々にも感謝申し上げたいです。中層〜下層リーグにいたチームで、「プロサッカーのリアル」にいる選手としてのキャリアもそうですし、ネクストキャリアに関しても多くの選手が試行錯誤し、もがいていました。そんな環境が人生を考えるきっかけを与えてくれました。特に、自分に関わってくれたサポーターの方々からの学びはとても大きかったです。プロサッカー選手に挑戦してよかったと心から思えるのは、この方々の存在があったからです。

本書の内容の基礎となっているのは、コロナ禍の２０２０年７月に海外スポーツ界で働く仲間と立ち上げた「Sport Global」という活動でした。Sport Globalのウェブサイトで執筆した「サッカー選手のキャリアを通じて考えるアスリートのセカンドキャリアの核心※」が本書のもととなっています。Sport Globalのメンバー、特に立ち上げの仲間である辻翔子さん、椙山《すぎやま》正弘さん、記事のチェック&アップロードをしてくれた永野みなみさん、マニアックな内容にもかかわらず、毎回的確なフィードバックをありがとう。

※Sport Globalの記事

「世界には、ソクラテス※みたく医師免許を持っているサッカー選手がいるのに、なんで日本にはそういう選手がいないんだ？」

私が小学生の頃、父と交わした何気ない会話ですが、なぜかこの会話は頭の片隅に常に残っていました。思い返せば、これがサッカー選手のキャリアについて考えるいちばん最初のきっかけだったかもしれません。厳しいプロサッカーのリアルにもかかわらず、夢を追うことに価値を見出してくれた父と母に感謝しています。

そして、プロサッカーのリアルにいた自分の支えになってくれた妻の依里子。当時は「売れないミュージシャン」並みにリスキーな人生を歩んでいた自分を信じてくれてありがとう。最後に、身体を動かすのが大好きな娘2人、梅乃と珠乃がいずれ本気でスポーツをすることになったとき、本書の内容が少しでも役に立つならば、パパはとっても嬉しいです。

※ソクラテス
サッカー元ブラジル代表選手。スペインW杯（1982）で元日本代表監督のジーコらと「黄金のカルテット」と呼ばれる中盤を構成。83年には南米最優秀選手に輝いた。医師免許を持ち「ドトール（医者）」と呼ばれた。

小野より――

小学校時代の夢は、バスケットボール選手になることでした。元々スポーツが好きで、プレーするのも観るのも好き。当時は『スラムダンク』の影響も大いに受け、通っていた小学校にあったバスケ同好会に入り、朝練をする日々を過ごしていました。今振り返ると、「バスケ選手になりたい」という夢は、単なる憧れに過ぎなかったと感じています。

今回、本書にインタビュー記事を掲載した筏井りさ選手や吉良知夏選手が、小学校時代にサッカー選手になると決め、中学や高校から親元を離れてサッカー強豪校に進学した話を聞いたとき、12歳で自分の進む道を決めていたことに、ただただ感心してしまいました。

アスリートは、血の滲《にじ》む努力をし、プレッシャーや逆境に打ち勝ち、大会の場に立ちます。尊敬するアスリートの方々には、第一線からの引退後も、やりがいのある人生を送ってほしい。そう思い、２０１７年から「アスリートのセカンドキャリア※」についての取材を始めました。

このテーマは、朝日新聞社のウェブメディア「withnews」の初代編集長で、現在

※セカンドキャリア
本書では「ネクストキャリア」という言葉を使ってきたが、取材を始めた当時はまだ「セカンドキャリア」という言葉が一般的だった。

はサムライトCCO（Chief Content Officer）の奥山晶二郎さんとの会話の中で生まれました。奥山さんから「アスリートのセカンドキャリア」という話が出たとき、直感的に「この道を進みたい！」と体の中に稲妻が走りました。熱意を持って書きたいと思えるテーマに出合わせてくれた奥山さんには心から感謝しています。

そして、取材者の候補をリサーチするなかで見つけたのが、本書の共著者である阿部博一さんでした。「元プロサッカー選手って、ギラギラしているのかなぁ」と緊張気味で取材に臨んだのですが、会ってみると、「何と気さくで寛容な方なのか！」と。書いた記事もネット上で非常に読まれ、「いつか阿部さんと、アスリートのキャリアをテーマに何か一緒にしたい」と思って5年、その夢が今、叶おうとしています。

そしてもうひとつの夢が、英治出版から本を出版したいという思いでした。実は、過去に英治出版の採用試験に応募をしたことがあります。結果は言わずもがなですが、そのときに出会った皆様のお人柄が素晴らしく、また英治出版の特徴のひとつとして、出版した本を絶版にしないという方針に胸を打たれました。「いつか、英治出版から本を出したい」と思って5年、この夢も今、叶おうとしています。

企画が採用され、章題を決めていくなかで、「女子選手に特化した章の有無」について再三話し合いました。この本を届けたいのは「プロサッカーのリアル／手前にいる選手」であり、そのような選手のための情報を本書全体に盛り込んでいます。そのような立場には女子選手も含まれるため、あえて女子パートをつくらなくてもよいのではとの意見も出ていました。

それでも、女子と男子は並列には扱えないという思いは、最後まで拭《ぬぐ》えませんでした。これまで、年齢、性別、競技を超えて、現役／引退したアスリートやその関係者100名以上に話を聞く機会を得てきました。そのなかで実感したのは、「男女間における差はある」という現実でした。ジェンダーフリーの時代になりつつありますが、歴史上、サッカーは男性のスポーツであり、女子選手が置かれた境遇はまだまだ改善をする必要があると感じています。女子選手の現状をしっかり知ってもらい、ともに考えたいと思い、第5章でその内容を執筆しました。

今年5月に英治出版代表取締役に就任された高野達成さんには、初期段階から寄り添って伴走をしていただきました。その後、サッカー愛に溢《あふ》れる編集者の上村悠也さんに引き継がれた後も、きめ細かなアドバイスをいただき、こうして形にすることができました。あらためて、編集者のお二人、取材協力をしてくださった皆様に、この場を借りてお礼を申し上げます。

そして、女子サッカーに関するコネクションがほとんどなかったなか、東京都東村山市を起点に少年少女のサッカー指導に長年携わられている倉島千秋さんには、本当にお世話になりました。倉島さんのお力添えがあったからこそ、女子選手パートを書き上げることができました。どうもありがとうございました。

そして、いつもそばで支えてくれている家族、アスリートのキャリアの企画に興味を持ってくださるwithnews編集長の水野梓《あずさ》さん、これまで話を聞かせてくださったアスリートとスポーツ関係者の皆様にも心から感謝いたします。

アスリートのキャリアに関する課題は競技や環境によって異なるため、一概に「解決案はこれだ」と言えるわけではありません。それでも、この本がサッカー選手を目指す人だけではなく、競技を超えたさまざまなアスリートたちにも、何かひとつでもお役に立てたら幸いです。

・ 申恩真（著）『女子サッカー選手のエスノグラフィー　不安定な競技実践形態を生きる』春風社、2022年
・ 砂坂美紀、江橋よしのり、大住良之、後藤健生他（共著）『新なでしこゴール!!　女子のためのサッカーの本』神崎裕（画）、講談社、2014年
・ 髙橋潔（著）『Jリーグの行動科学　リーダーシップとキャリアのための教訓』白桃書房、2010年
・ 中西哲生（監修）『世界のサッカー大百科』シリーズ、岩崎書店、2010年

第6章　サッカーから得た力をどう活かすか？

・ Corporate Competitor Podcast, About, https://donyaeger.libsyn.com/
・ 濵吉正則（著）『サッカープレーモデルの教科書　個を育て、チームを強くするフレームワークの作り方』カンゼン、2021年
・ 日本サッカー協会「サッカー選手登録数」 https://www.jfa.jp/about_jfa/organization/databox/player.html
・ 経済産業省「『人生100年時代の社会人基礎力』説明資料」 https://www.meti.go.jp/policy/kisoryoku/
・ 経済産業省「未来人材ビジョン」2022年5月
https://www.meti.go.jp/press/2022/05/20220531001/20220531001-1.pdf
・ アンジェラ・ダックワース（著）『やり抜く力 GRIT　人生のあらゆる成功を決める「究極の能力」を身につける』神崎朗子（訳）、ダイヤモンド社、2016年
・ リンダ・キャプラン・セイラー、ロビン・コヴァル（著）『GRIT　平凡でも一流になれる「やり抜く力」』三木俊哉（訳）、日経BP、2016年
・ デイビッド・エプスタイン（著）『RANGE（レンジ）　知識の「幅」が最強の武器になる』中室牧子（解説）、東方雅美（訳）、日経BP、2020年
・ 知的財産戦略本部「知的財産推進計画2023」 https://www.kantei.go.jp/jp/singi/titeki2/kettei/chizaikeikaku_kouteihyo2023.pdf
・ 入山章栄（著）『世界標準の経営理論』ダイヤモンド社、2019年
・ OECD iLibrary, OECD Education Working Papers No. 121, https://www.oecd-ilibrary.org/docserver/5js07529lwf0-en.pdf?expires=1726989099&id=id&accname=guest&checksum=7696CD51DF8D346BAD41E0F7D3ED7049
・ 遠藤利彦「非認知的（社会情緒的）能力の発達と科学的検討手法についての研究に関する報告書」国立教育政策研究所、2017年3月 https://www.nier.go.jp/05_kenkyu_seika/pdf_seika/h28a/syocyu-2-1_a.pdf

- WE LEAGUE Data Site「年度別入場者数推移」 https://data.weleague.jp/SFTD12/search?competitionFrameName=WE%E3%83%AA%E3%83%BC%E3%82%B0&teamFlag=1&page=&startCompetitionYear=2022&endCompetitionYear=2023&competitionFrame=70
- 日本中学校体育連盟「加盟校・加盟生徒数調査集計表」 https://nippon-chutairen.or.jp/data/result/
- 江東区「区立中学校女子サッカー部について」 https://www.city.koto.lg.jp/582101/kodomo/gakko/jigyo/tokushoku/65076.html
- 全国高等学校体育連盟「【統計資料】」 https://www.zen-koutairen.com/f_regist.html
- 日本サッカー協会「JFAアカデミー福島　卒校生進路」 https://www.jfa.jp/youth_development/jfa_academy/fukushima/course.html
- WEリーグ公式ウェブサイト「WEリーグ、パーソルグループ、日本プロサッカー選手会が共同でPLAYER DEVELOPMENT PROGRAM（パイロット版）を導入」2023年1月10日 https://weleague.jp/news/920/
- Touch! PERSOL「WEリーガーの未来のために！キャリアコンサルタントの資格を有するパーソルの社員が8カ月間選手に伴走」2023年8月3日 https://touch.persol-group.co.jp/20230803_15542/
- ロイター「サッカー＝女子W杯出場選手、3人に1人は年収3万ドル未満＝調査」2023年11月30日 https://jp.reuters.com/life/sports/QPFIRAL2HNPXVOZNPIZGAUQNMM-2023-11-30/
- ロイター「サッカー＝23年女子W杯の賞金額、15年の10倍に」2023年3月17日 https://jp.reuters.com/article/wcup-women-idJPKBN2VJ04D/
- FIFA and FIFPRO, FIFA SOCIAL MEDIA PROTECTION SERVICE: WOMEN'S WORLD CUP 2023™ - ANALYSIS, https://digitalhub.fifa.com/m/36bb7afdd56112ab/original/FIFA-Social-Media-Protection-Service-FIFA-Women-s-World-Cup-2023-tournament-analysis.pdf
- ロイター「サッカー＝カナダ女子代表がボイコット警告、待遇平等訴え」2023年2月15日 https://jp.reuters.com/article/idUSKBN2UP06H/
- NHK「サッカー女子W杯"多様性"腕章めぐるFIFAとの攻防」2023年7月31日 https://www.nhk.or.jp/minplus/0029/topic129.html
- なでケア「オンラインお悩み相談室」 https://nadecare.jp/assistant-service/
- WEリーグ公式ウェブサイト「『女子プロサッカー選手の契約、登録及び移籍に関する規則』が新設」2020年11月9日 https://weleague.jp/news/114/
- WEリーグ公式ウェブサイト「女子プロサッカー選手の契約、登録および移籍に関する規則 対比表」https://weleague.jp/wp/wp-content/uploads/2020/11/bb5115071ba30fe03021075d2a60e72a.pdf
- 日本サッカー協会「サッカー×キャリア×未来　Your Life with Football」2020年7月8日 https://www.jfa.jp/women/secondcareer/pdf/secondcareer.pdf
- YouTube「厚木はやぶさTV　はやぶさイレブン　9月10日 16時より緊急記者会見！！永里優季選手入団会見」 https://www.youtube.com/watch?v=57xxuVtuLuc
- WEリーグ公式ウェブサイト「WE ACTION」 https://weleague.jp/weaction/
- SUNNYS「選手一覧」 https://fa-startup.com/player/list
- スザンヌ・ラック（著）『女子サッカー140年史　闘いはピッチとその外にもあり』実川元子（訳）、白水社、2022年

- Sporting Intelligence, GLOBAL SPORTS SALARIES SURVEY 2018, https://globalsportssalaries.com/GSSS%202018.pdf
- FIFPRO, 2021 SHAPING OUR FUTURE, March 26, 2021 https://fifpro.org/media/xeuncf2s/fifpro-shaping-our-future-report-2021.pdf

第4章　引退後はどんなキャリアが広がっているか

- 中田浩二、櫻井一宏、大澤義明「人生100年時代を意識したJリーガー年齢の基礎分析」日本オペレーションズ・リサーチ学会、2019年
- 年収ガイド「Jリーガー、サッカー選手の年収・年俸【海外・J1・J2・J3】」2024年4月3日 https://www.nenshuu.net/magazine/pages.php?pages_id=313
- FIFPRO, MIND THE GAP 2021, September 20, 2021, https://fifpro.org/media/br2ny5aq/fifpro-mind-the-gap-report-2021.pdf
- ICF Japan Chapter「プロコーチの能力水準」 https://icfjapan.com/competency
- 日本サッカー協会「サッカー指導者登録数」 https://www.jfa.jp/about_jfa/organization/databox/coach.html
- サカマネ.net「2022年 Jリーグ 監督年俸ランキング」 https://www.soccer-money.net/kantoku/in_kantoku.php?year=2022
- JAPANサッカーカレッジ「サッカーを仕事にする方法」 https://cupsnet.com/performance/soccer_jobs
- Foot Ball Business「Jリーグクラブの仕事内容一覧！」 https://reimond.jp/137/
- Jリーグ公式サイト「Jリーグ クラブ経営ガイド 2022」2022年11月15日 https://aboutj.jleague.jp/corporate/assets/pdf/club_guide/jclub_guide-2022.pdf
- 小熊英二（著）『日本社会のしくみ　雇用・教育・福祉の歴史社会学』講談社、2019年
- withnews「Hideko Ono（執筆・編集記事一覧）」 https://withnews.jp/articles/writer/300/1
- 髙橋潔、重野弘三郎「Jリーグにおけるキャリアの転機——キャリアサポートの理論と実際」日本労働研究雑誌、2010年10月 https://dl.ndl.go.jp/view/download/digidepo_10179753_po_016-026.pdf?contentNo=1&alternativeNo=
- Jリーグ公式サイト「Project DNA - to the FUTURE」 https://jlib.j-league.or.jp/-site_media/media/content/79/2/index.html#page=1

第5章　女子サッカー界の実情とロールモデル

- ぴあレジャーMOOKS編集部（編）『Yogibo WEリーグ オフィシャルガイドブック2021-22』ぴあ、2021年
- REAL SPORTS「WEリーグ・髙田春奈チェアが語る就任から5カ月の変革。重視したのは『プロにこだわる』こと」2023年2月24日 https://real-sports.jp/page/articles/758623417560728671/
- 日本サッカー協会「サッカー選手登録数」 https://www.jfa.jp/about_jfa/organization/databox/player.html
- REAL SPORTS「1万人集客、スター獲得、1000万円プレーヤー誕生。WEリーグ初代王者に見る女子プロスポーツクラブの可能性」2023年4月19日 https://real-sports.jp/page/articles/778426433381860410/

・ スポニチアネックス「森保ジャパン　歴代最高平均身長＆最多海外組20人　平均年齢は2番目の高さ」2022年11月2日 https://www.sponichi.co.jp/soccer/news/2022/11/02/kiji/20221102s00002014103000c.html
・ 日本サッカー協会「ナショナル・フットボール・フィロソフィーとしてのJapan's Way」 https://www.jfa.jp/japansway/
・ 日本スポーツ振興センター「『デュアルキャリアに関する調査研究』報告書」2014年1月31日 https://sportcareer.mext.go.jp/wp-content/uploads/2021/01/dualcareer_report_jsc_2013.pdf
・ The Asahi Shimbun GLOBE＋「Jリーガーで大学院生　異色のサッカー選手、長澤和輝のセカンドキャリア論」2019年10月26日 https://globe.asahi.com/article/12813424
・ プレジデントオンライン「元スポーツ選手が学費年150万円で『早稲田大学大学院卒』ゲットは学歴ロンダリングなのか」2022年4月22日 https://president.jp/articles/-/56899
・ 日本経済新聞「中田浩二氏『常に挑戦』　筑波大大学院に進学」2018年4月4日 https://www.nikkei.com/article/DGXMZO28936410T00C18A4000000/
・ スポーツ指導者の資質能力向上のための有識者会議（タスクフォース）「スポーツ指導者の資質能力向上のための有識者会議（タスクフォース）報告書」2013年7月2日 https://www.mext.go.jp/b_menu/shingi/chousa/sports/017/toushin/__icsFiles/afieldfile/2014/06/12/1337250_01.pdf

第3章　プロサッカー選手の理想と現実

・ 日本サッカー協会「FIFA World Cup Qatar 2022　日本代表招集選手／スタッフ」 https://www.jfa.jp/samuraiblue/squad2022/
・ Héctor García and Francesc Miralles, "IKIGAI: The Japanese Secret to a Long and Happy Life," Hutchinson, 2017
・ スポニチアネックス「ネイマールは"魔法のランプ"を手に入れた!?サウジ移籍の好待遇に海外メディアも驚き『黄金の人生』」2023年8月16日 https://www.sponichi.co.jp/soccer/news/2023/08/16/kiji/20230816s00002000448000c.html
・ 日本経済新聞「リバプール、MF遠藤航を獲得　4年契約で移籍金30億円」2023年8月18日 https://www.nikkei.com/article/DGXZQOKC18AMW0Y3A810C2000000/
・ 日本サッカー協会「プロサッカー選手の契約、登録および移籍に関する規則」 https://www.jfa.jp/documents/pdf/basic/br20.pdf
・ withnews「年俸120円でもめっちゃ前向き　『ジーコを抜いた』41歳Jリーガー」2019年7月10日 https://withnews.jp/article/f0190710000qq000000000000000W0ci10301qq000019414A
・ ゲキサカ「日本サッカー界の"ABC契約"見直しへ…JPFA吉田麻也会長が力説『時代にそぐわなくなっている』」2023年6月26日 https://web.gekisaka.jp/news/japan/detail/?387046-387046-fl
・ Jリーグ公式サイト「選手契約制度の改定について」2024年9月24日 https://www.jleague.jp/news/article/28943
・ Jリーグ公式サイト「2025シーズンＪ３クラブライセンス判定結果について（Ｊ３入会を希望するクラブ）」2024年9月24日 https://www.jleague.jp/news/article/28942
・ 年収ガイド「Jリーガー、サッカー選手の年収・年俸【海外・J1・J2・J3】」2024年4月3日 https://www.nenshuu.net/magazine/pages.php?pages_id=313
・ 労働政策研究・研修機構「ユースフル労働統計　労働統計加工指標集 2022」2022年11月 https://www.jil.go.jp/kokunai/statistics/kako/2022/documents/useful2022.pdf

［参考文献］

第1章　広がるプロサッカーの選択肢

- FIFA, Commentary on the Regulations on the Status and Transfer of Players 2023 edition, November 28, 2023, https://digitalhub.fifa.com/m/40da0f707efdd011/original/FIFA-Commentary-on-the-FIFA-Regulations-for-the-Status-and-Transfer-of-Players-2023-edition.pdf
- 日本サッカー協会「プロサッカー選手の契約、登録および移籍に関する規則」 https://www.jfa.jp/documents/pdf/basic/br20.pdf
- Jリーグデジタルデータブック「年度別開催概要」 https://ddb.j-league.or.jp/other/j1/
- 日刊スポーツ「Ｊリーグ23年登録リスト発表、史上最多1858人　J1最年長は43歳４カ月札幌小野伸二／アラカルト」2023年2月1日 https://www.nikkansports.com/soccer/news/202302010000994.html
- 日本サッカー協会「登録・申請・手続き　チーム・選手登録」 https://www.jfa.jp/registration/player_team/
- 日本サッカー協会「サッカー選手登録数」 https://www.jfa.jp/about_jfa/organization/databox/player.html
- CIES Football Observatory, Football players' export: 2017-2022, May 2022, https://football-observatory.com/Football-players-export-2017-2022
- 日本サッカー協会「日本サッカー殿堂　奥寺　康彦」 https://www.jfa.jp/about_jfa/hall_of_fame/member/OKUDERA_Yasuhiko.html
- フットボールチャンネル「サッカー海外組第１号はなんとあの有名歌手の弟」 https://www.footballchannel.jp/2014/01/02/post19402/
- 日本フットボールリーグオフィシャルWebサイト「リーグ構成」 http://www.jfl.or.jp/jfl-pc/view/s.php?a=721

第2章　どのルートからプロを目指すか

- SPAIA「サッカーJ1リーグ出身高校ランキングTOP10、流経大柏が最多13人」2022年6月1日 https://spaia.jp/column/soccer/jleague/17953
- 流通経済大学付属柏高等学校サッカー部 応援ホームページ「国内・海外リーグで活躍するOB」 https://www.ryukei-kashiwa.org/ob/
- 日本サッカー協会「マッチレポート（FIFAワールドカップ26 アジア2次予選兼AFCアジアカップ サウジアラビア2027予選）」 https://www.jfa.jp/national_team/samuraiblue/worldcup_2026/2nd_q_2026/groupB/schedule_result/pdf/m06.pdf
- フットボールチャンネル「欧州でプレーする10代の日本人サッカー選手10人。近未来のサッカー日本代表に推したい精鋭たち」 https://www.footballchannel.jp/2023/03/06/post495564/
- No Football, No Life.「Jリーグプロ内定・新規加入選手数推移（大学・高校・ユース）｜2001年～2024年まで更新！」2024年1月14日 https://no-football-no-life.com/2019-new-player-affiliated-team/
- 中日スポーツ 東京中日スポーツ「日本代表に『大卒ブーム』　W杯初出場98年に次ぐ9人【サッカー】」2022年11月1日 https://www.chunichi.co.jp/article/574533
- 讀賣新聞オンライン「日本代表に大学経由の選手が急増した理由…サッカー界の『１８歳問題』とは」2022年11月27日 https://www.yomiuri.co.jp/sports/soccer/worldcup/20221124-OYT1T50239/4/

[著者]

阿部博一

Hirokazu Abe

アジアサッカー連盟（AFC）審判部部長（Head of Department, Referees Department）

1985年生まれ、東京都出身。道都大学卒業後、V・ファーレン長崎にサッカー選手として加入し、3シーズンプレー。最終年はプロ契約を結ぶ。2010年のシーズン終了後に戦力外通告を受ける。その後、米カリフォルニア大学サンディエゴ校に進学し、国際関係学修士を取得。2014年に三菱総合研究所へ入社。スポーツおよび教育分野の調査案件に従事。2016年よりFIFA傘下で、アジアの国・地域のサッカーを統括するアジアサッカー連盟（AFC）にて勤務。クアラルンプール（マレーシア）在住。趣味は筋トレ。

https://sportglobal.jp/2020/06/25/hirokazu-abe/

小野ヒデコ

Hideko Ono

ノンフィクションライター。1984年東京生まれ横浜育ち。同志社大学文学部英文学科卒業。自動車メーカーで生産管理、アパレル会社で店舗マネジメントを経験後、ライターに転身。2016年から3年間、週刊誌AERA記者として活動。スポーツが好きで、自身がキャリアチェンジをした経験からアスリートのキャリア形成に興味を持ち、追っている。

https://x.com/ono_hideko

[英治出版からのお知らせ]
本書に関するご意見・ご感想を E-mail（editor@eijipress.co.jp）で受け付けています。
また、英治出版ではメールマガジン、Web メディア、SNS で新刊情報や書籍に関する記事、イベント情報などを配信しております。ぜひ一度、アクセスしてみてください。

メールマガジン：会員登録はホームページにて
Web メディア「英治出版オンライン」：eijionline.com
X / Facebook / Instagram：eijipress

サッカーで、生きていけるか。

プロへの道筋と現実、ネクストキャリアの考え方

発行日　2024 年 11 月 17 日　第 1 版　第 1 刷

著者　阿部博一、小野ヒデコ
発行人　高野達成
発行　英治出版株式会社
〒150-0022 東京都渋谷区恵比寿南 1-9-12 ピトレスクビル 4F
電話　03-5773-0193　FAX　03-5773-0194
www.eijipress.co.jp
プロデューサー　上村悠也
スタッフ　原田英治　藤竹賢一郎　山下智也　鈴木美穂　下田理
田中三枝　平野貴裕　桑江リリー　石﨑優木　渡邉吏佐子
中西さおり　関紀子　齋藤さくら　荒金真美　廣畑達也
太田英里
装丁　小口翔平（tobufune）
校正　株式会社ヴェリタ
印刷・製本　シナノ書籍印刷株式会社

ISBN978-4-86276-340-2　C0075　Printed in Japan